Lothar Beck

Eltern bleiben trotz Scheidung
Ein Krisenbewältigungsprogramm

W0413333

Lothar Beck

Eltern bleiben trotz Scheidung

Ein Krisenbewältigungsprogramm

Beltz Verlag · Weinheim, Basel, Berlin

BELTZ

Ihre Wünsche, Kritiken und Fragen richten Sie bitte an:
Beltz Verlag, Fachverlag Soziale Arbeit, Erziehung und Pflege,
Werderstr. 10, 69469 Weinheim

ISBN 3-407-55872-4

Alle Rechte vorbehalten
© 2003 Beltz Verlag · Weinheim, Basel, Berlin
1. Auflage 2003

03 04 05 06 07 5 4 3 2 1

Das Werk einschließlich aller seiner Teile ist urheberrechtlich geschützt. Jede Verwertung außerhalb der engen Grenzen des Urheberrechtsgesetzes ist ohne Zustimmung des Verlages unzulässig und strafbar. Das gilt insbesondere für Vervielfältigungen, Übersetzungen, Mikroverfilmungen und die Einspeicherung und Verarbeitung in elektronischen Systemen.

Planung und Lektorat: Richard Grübling
Herstellung: Monika Bock, Berlin
Layout und Satz: Deskom WA, Kiliansroda
Druck und Bindung: Druckhaus »Thomas Müntzer«, Bad Langensalza/Thüringen
Umschlaggestaltung: glas ag, Seeheim-Jugenheim
Titelfotografie: zefa, Düsseldorf
Printed in Germany

Weitere Informationen finden Sie im Internet unter http://www.beltz.de

Inhalt

Zum Umgang mit diesem Programm

Zu Trennung und Scheidung kommt es, wenn mindestens ein Partner den Entschluss gefasst hat, sich zu trennen – oft nach einem langen, leidvollen Prozess ehelicher Streitereien, Rückzügen und vergeblichen Verbesserungsanläufen – und bereit ist, die nötigen Schritte einzuleiten: räumliche Trennung, Aufsuchen eines Anwalts.

Für den anderen Partner ist dies oft nur schwer nachzuvollziehen und zu akzeptieren. Es ist sehr schmerzlich, eine – oft jahrelange – Liebe und Bindung zurückzunehmen. Außerdem müssen mit der Partnerschaft wichtige Hoffnungen und Zukunftsvorstellungen aufgegeben und eine neue persönliche Orientierung gefunden werden.

Mit der Trennung der Eltern geht auch die Kernfamilie auseinander. Obwohl von Trennung und Scheidung inzwischen 50% aller Partnerschaften betroffen sind, fühlen sich die Familienmitglieder häufig als nicht mehr in Ordnung und sozial isoliert.
Verwandte und vor allem Freunde des Paares sehen sich vor die Frage gestellt, wie ihre Beziehung nach der Trennung des Paares weitergehen kann.
Kinder reagieren oft mit Auffälligkeiten. Eltern haben Schuldgefühle, und es besteht die große Gefahr, in einen Teufelskreis gegenseitiger Schuldvorwürfe hineinzugeraten, was die Situation der Kinder erheblich verschlimmert statt verbessert. Bei Trennung und Scheidung besteht der tragischste Irrtum darin, zu glauben, man müsse für das Wohl des Kindes gegen seinen Vater oder gegen seine Mutter eintreten, weil man dadurch selbst zur Gefahr für das Wohl des Kindes wird. Dies gilt nicht nur für streitende Eltern im Kampf um ihr Kind, sondern ebenso für alle, die meinen, Kindern bei Trennung und Scheidung gegen ihre streitenden Eltern helfen zu wollen.

Dieses positive Krisenbewältigungsprogramm gibt einige Hinweise und Anleitungen, wie Sie als Eltern auch nach einer Trennung und Scheidung zusammenarbeiten, die negativen Auswirkungen der Krise auf Ihr Kind vermindern und eine gute Entwicklung Ihres Kindes fördern können. Suchen Sie sich die Aufgaben aus, die für Ihre Situation zutreffen.

Besonders schwierig, aber um so wichtiger, sind die 6 Aufgaben im Abschnitt 2: Die Klärung der eigenen Gefühle. Sie sind deshalb nicht leicht, weil sie von Ihnen die Bereitschaft abverlangen, sich vorbehaltlos in sich selbst, in Ihren Partner und in Ihr Kind einzufühlen. Dies aber ist wichtig für eine positive familiäre Krisenbewältigung. Die Bearbeitung der Abschnitte 5-7 (Hilfen für Ihr Kind und Aufbau einer kooperativen Elternbeziehung) setzt voraus, dass Sie Ihre Gefühle geklärt haben und emotional nicht blockiert sind.

Dieses Programm ist geeignet für Eltern oder Elternteile, wenn beide den Entschluss zur Trennung gefasst haben bzw. derjenige, der den Entschluss nicht gefasst hat, bereit ist, den Entschluss des anderen, anzunehmen. Es ist nicht geeignet für Eltern, wenn ein Elternteil noch Hoffnung auf Erhalt der Paarbeziehung hat, und es dem anderen – aus welchem Grund auch immer – noch nicht gelungen ist, seinen Entschluss als definitiv und endgültig deutlich zu machen, wenn er stattdessen immer wieder Diskussionsbereitschaft zeigt oder sich endlos um Überzeugung bemüht.

Es ist durchaus sinnvoll, wenn nur ein Elternteil das Programm durcharbeitet. Besser ist es jedoch, wenn beide Elternpartner dieses Programm parallel durchgehen, vielleicht auch dazwischen immer wieder miteinander reden und sich austauschen. Für den wichtigen Abschnitt 2 (Klärung der eigenen Gefühle) sollten Sie sich gegebenenfalls fachliche Unterstützung holen.

Das Programm eignet sich sowohl für die Einzelberatung von Elternpaaren oder -teilen durch Jugendämter oder Beratungsstellen als auch für Elterngruppentrainings unter Anleitung eines Familientherapeuten. Bewährt hat sich, wenn die Elternpartner an zwei Parallelgruppen teilnehmen.

Im Anhang 3 des Programms finden Sie zwei Fragebögen. Den ersten füllen Sie bitte vor der Durcharbeitung des Programms aus, den zweiten danach. So können Sie feststellen, welchen Fortschritt Sie erzielt haben.

Die Ziele des Elterntrainingsprogramms

Wenn Sie dieses Elternprogramm durchgearbeitet haben, haben Sie folgende Ziele erreicht:

- Sie unterscheiden die Paarbeziehung von der Elternbeziehung und trennen diese Beziehungsbereiche ab von den Geldangelegenheiten.
- Sie verstehen, was Ihnen und Ihrem Partner an der Trennung emotional zu schaffen macht und können besser damit umgehen.
- Sie verstehen, was Ihren Kindern an der Trennung emotional zu schaffen macht und kennen typische Reaktionsweisen von Kindern.
- Sie können mit Ihrem Kind in der Krise angemessen umgehen.
- Sie haben gelernt, mit Ihrem Elternpartner kooperativ umzugehen.
- Sie können die verschiedenen Hilfeformen bei Trennung und Scheidung beschreiben, wissen, was sie Ihnen bieten, und was sie Ihnen abverlangen.

Abschnitt 1

Die drei Klärungsbereiche

Folgende drei Klärungsbereiche sollten Sie klar voneinander abgrenzen:

- Die persönliche Verarbeitung des Verlusts
- Die Aufteilung des Eigentums und die künftige Regelung der familiären Finanzen
- Die Gestaltung der gemeinsamen elterlichen Sorge nach der Trennung

Die persönliche Verarbeitung des Verlusts

Verlustverarbeitung ist ein oft jahrelanger Abschiedsprozess. Haben Sie den Trennungsentschluss als erster gefasst, hat der Prozess des Abschiednehmens vom Partner wahrscheinlich bereits in den letzten Jahren der Paarbeziehung begonnen. Oft wird aber erst nach der Trennung die ganze Tragweite des Verlusts spürbar:

- Es muss eine Liebe endgültig zurückgenommen und letztlich zu Grabe getragen werden.
- Darüber hinaus muss auch Abschied genommen werden von der Kernfamilie und all den damit verbundenen Hoffnungen und Sinnerfahrungen.
- Ein vertrauter und Sicherheit gebender Alltag mit festen Bindungen muss verlassen werden.

Plötzlich kann einem sein Leben und Arbeiten sinnlos erscheinen. Gefühle von Wut und Enttäuschung, Trauer und Schmerz gehören zu dieser weitreichenden Verlusterfahrung. Dabei werden Wut und Enttäuschung vermutlich in dem Masse abnehmen, wie Sie bereit sind, Trauer und Schmerz zuzulassen und sich mit der Endgültigkeit des Ereignisses innerlich auseinanderzusetzen.

Vielleicht spüren Sie auch Angst vor dem, was kommt. Aber auch Erleichterung, dass das leidvolle Zusammensein ein Ende gefunden hat, oder Mut, die anstehenden Aufgaben anzupacken, gehören mit zu dem, was Sie erleben. Vielleicht werden Sie ab und zu von Schuldgefühlen geplagt und fragen sich, ob Sie manches hätten anders machen sollen.

Es ist wichtig, sich all dieser – oft einander widersprechender – Gefühle klar zu werden. Zeitlich begrenzte Gespräche mit einem guten Zuhörer können dabei sehr hilfreich sein, v.a. dann, wenn es um die verletzlicheren Gefühle geht, die hinter der vordergründigen Wut und dem Ärger zum Vorschein kommen, wenn Sie erkannt haben, dass die Wut nichts mehr nützt, und die vielen ärgerlichen Dinge der Vergangenheit angehören.

Aufgabe 1:

Suchen Sie sich einen Freund oder eine Freundin, die Ihnen etwa 30 Minuten zuhört (nicht länger!), und dem/der Sie Ihre verletzlichen Gefühle erzählen können. Der/die Zuhörer/in soll Sie nach den Gefühlen fragen können und Ihnen zurückmelden, was er/sie verstanden hat. Er/sie sollte es aushalten, dass Sie diese Gefühle haben und sich mit eigenen Kommentaren zurückhalten.
Wenn Sie an einer Elterngruppe teilnehmen, tauschen Sie sich zu zweit über Ihre Gefühle aus. Hören Sie einander 10 min. zu, wie oben beschrieben.
Sie können sich statt dessen auch ein Tagebuch anlegen, in das Sie jeden Tag Ihr Befinden eintragen (siehe Seite 14).

Vermeiden Sie es, Ihr Kind zu belasten!
Wenn Sie schwer tun mit der Trennung, weil Sie sich sehr enttäuscht und verletzt oder gar betrogen und verraten fühlen, dann ist es wichtig, Ihr Kind nicht mit diesen Erwachsenengefühlen zu belasten, sich Trost bei ihm zu holen oder Ihr Kind emotional gegen den anderen einzunehmen. »Schau, was der Papa/die Mama uns getan hat. Ich kann jetzt nicht mehr zu Hause wohnen. Du bist der einzige, den ich noch habe.« Damit würden Sie seine kindliche Seele zu sehr belasten und für Ihren Trost missbrauchen.

Kommen Sie allein nicht weiter, dann holen Sie sich professionelle Hilfe. Diese erhalten Sie bei allen Jugendämtern, Beratungsstellen und niedergelassenen Therapeuten.

Datum	Wie es mir nach dem Verlust des Partners geht

Die Besitz- und Finanzregulierung

Denken Sie daran, dass Sie auch nach der Trennung finanziell in einem Boot sitzen. Die Familie, die vor der Trennung von den vorhandenen Finanzen lebte, muss auch nach der Trennung mit den vorhandenen Finanzen auskommen. Das heisst: Je größer der gemeinsame Kuchen ist, um so mehr kann verteilt werden. Je mehr aber verteilt werden kann, um so weniger haben Sie finanziellen Druck.

Überlegen Sie daher, ob es nicht besser ist, das seitherige gemeinsame Eigentum zu verkaufen. Das erleichtert oft den Neuanfang, markiert deutlicher das Getrenntsein und den Abschluss der gemeinsamen Zeit, schafft Offenheit für künftige familiäre Entwicklungen (z.B. neue Partnerschaften) und verhindert Schieflagen in der Besitzverteilung, die häufig negative Folgen haben. Überlegen Sie außerdem, ob es nicht besser ist für das familiäre Wohlbefinden, die Gesamteinkünfte durch die Berufstätigkeit beider Elternteile zu verbessern. Ihr Kind können Sie ab dem 2. oder 3. Lebensjahr gut in professionelle Ganztagsbetreuung geben. In der Regel schadet das Ihrem Kind nicht nur nicht, sondern ist förderlich für seine Entwicklung. Ist dies jedoch ein neuer Schritt für Ihr Kind, sollte er erst in einem zeitlichen Abstand von etwa einem halben Jahr nach der Trennung erfolgen.

Trennen Sie den finanziell-materiellen Klärungsbereich von den beiden Beziehungsbereichen Partnerverlust und Elternschaft. Versuchen Sie keine »Ausgleichszahlungen«: »Ich habe die Trennung initiiert, dafür bin ich bereit, auf Unterhalt für mich zu verzichten.« »Wir haben den Kindern die Trennung zugemutet; da sollten sie wenigstens in unserem schönen Haus wohnen bleiben können; wir werden es schon schaffen.« Denken Sie auch nicht an »Heimzahlungen«: »Ich, arbeiten? Der soll erst mal für alles zahlen.« Mit solcher Opferbereitschaft oder einer solchen Strafhaltung schränken Sie ihre finanziellen Optionen ein und schaden dem gesamtfamiliären Wohlergehen. Die Zukunftsfinanzierung des familiären Bedarfs ist eine ernste und nüchterne Angelegenheit und muss im Blick auf die ganze Familie verantwortlich gelöst werden.

Aufgabe 2:

Gebrauchen Sie Ihren Banker-Verstand: Welche Möglichkeiten haben Sie als Eltern, Ihren familiären Finanzkuchen zu vergrößern? Erlauben Sie sich, alle Möglichkeiten zu denken und aufzuschreiben, ehe Sie abwägen und entscheiden.
Sind Sie Teilnehmer/in einer Elterngruppe, dann setzen Sie sich mit einem oder zwei anderen Teilnehmer/innen, die sich in vergleichbarer Situation befinden, zusammen, und überlegen Sie alle Möglichkeiten, die Finanzlage Ihrer Familien zu verbessern.

Alle Möglichkeiten zur Verbesserung unserer Finanzen

3. Die Gestaltung der gemeinsamen elterlichen Sorge nach der Trennung

Das Sterben der Paarbeziehung bedeutet nicht gleichzeitig, dass auch die Familie stirbt. Die Familie bleibt, muss aber in einem krisenhaften Prozess neu strukturiert und organisiert werden: Die Kernfamilie wird umgebaut zur Scheidungsfamilie, bestehend aus zwei Teilfamilien.

Dieser familiäre Neuorganisationsprozess erfordert von Ihnen elterliche Kooperationsbereitschaft, Verbindlichkeit und Flexibilität, bis Sie einen Weg gefunden haben, mit dem alle Familienmitglieder leben können. Dabei entscheiden Sie für Ihre Kinder – nicht anders als vor der Trennung. Nur Jugendliche, die über genügend Autonomie verfügen und sich in dieser Situation trauen, ihre Meinung offen auszusprechen, können – und werden es natürlich auch – für sich selbst reden.

Die nachfolgenden Abbildungen zeigen Ihnen anschaulich und modellhaft, wie Sie sich diesen familiären Umstrukturierungsprozess vorstellen können:
In der Trennungskrise löst sich die Familiengrenze der alten Kernfamilie auf: Häufig suchen sich die Partner ausserhalb der Familie Verbündete im Kampf gegen den anderen und kündigen damit die partnerschaftliche Loyalität auf. Durch das Absterben der Paarbeziehung wird aber meist auch die Elternbeziehung erschüttert, und die Grenze zwischen Eltern und Kind – die Generationengrenze – verwischt sich, wenn die Partner versuchen, das Kind für sich gegen den anderen Elternteil einzunehmen. Die elterliche Autorität wird brüchig.

Es ist Aufgabe der Eltern, die Familie – jetzt die Scheidungsfamilie – wieder funktionsfähig zu gestalten: Sie müssen Teilfamiliengrenzen aufbauen und durch gute Zusammenarbeit die Generationengrenze neu klarstellen.
In Bezug auf die gemeinsame Verantwortung für die Entwicklung ihres Kindes bilden Eltern und Kind auch nach der Trennung und Scheidung eine familiäre Ganzheit. Deshalb gibt es auch nach der Trennung noch eine gemeinsame Familiengrenze. Diese bekommt v.a. dann Bedeutung, wenn neue Partner bzw. Stiefelternteile hinzukommen.

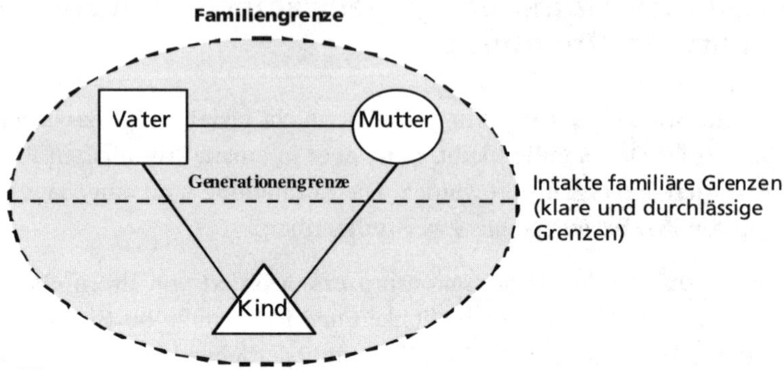

Kernfamilie

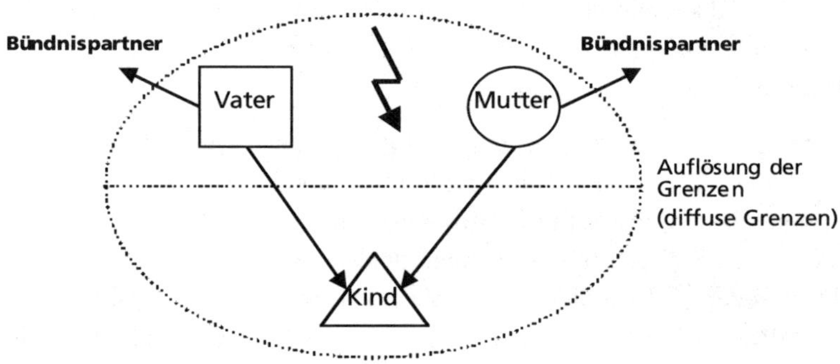

Trennungskrise

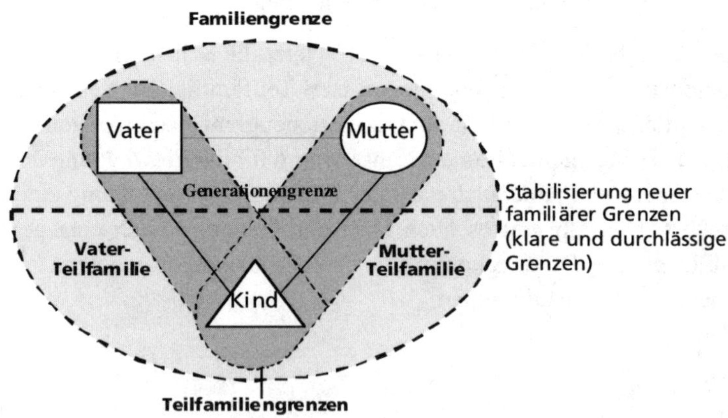

Scheidungsfamilie

Abschnitt 2

Die Klärung der eigenen Gefühle

In der Zeit der Trennung und Scheidung werden viele Betroffene beherrscht von Wut und Zorn auf den Partner. Dies kann den Aufbau einer neuen Elternschaft erheblich beeinträchtigen. Deshalb ist es wichtig, diese so genannten aversiven Gefühle näher zu beleuchten, aufzuklären und ihren Hintergrund zu verstehen.

Das Gelingen der getrennt erziehenden Elternschaft wird vor allem durch drei »Kampfformen« verhindert, die streitenden Partnern ihre Lebensenergien rauben und verhindern, dass sie ihrer Aufgabe, eine funktionsfähige Scheidungsfamilie aufzubauen, gerecht werden.

Die drei Kampfformen streitender Trennungspartner sind:
- ihre gegenseitigen Schuldvorwürfe und Abwertungen als Vater/Mutter,
- ihre unstillbare Wut auf den/die Ex-Partner/in,
- ihre Grabenkriege, die sie um bestimmte Positionen führen.

Oft ist zum Zeitpunkt der räumlichen Trennung der Prozess der emotionalen Trennung, also der schmerzhafte Prozess des innerlichen Abschiednehmens, nicht nur nicht abgeschlossen, er hat vielmehr oft gerade erst eine Art Vorstufe erreicht: den Kampf.
Der Kampf schützt die Eltern davor, sich der Endgültigkeit des Verlusts und dem damit verbundenen Schmerz zu stellen. Gleichzeitig macht er ihnen aber auch deutlich: Die Liebe ist vorbei.

Dieser Kampf wird angeheizt durch Gedanken wie:
»Das muss er/sie mir büßen.«
»Ich will nichts mehr mit ihm/ihr zu tun haben.«
»Er/sie hat sich damit auch als Vater/Mutter disqualifiziert.«
»Er/sie hat alles kaputtgemacht.«

Jeder Kampf hat die Tendenz zum Flächenbrand zu werden, wenn er nicht von verantwortlichen Köpfen gesteuert und das heißt bald beendet wird.

Im Kampf können Sie
- weder eine Liebe zu Grabe tragen,
- noch Empathie für die Kinder entwickeln,
- noch eine gemeinsame Elternschaft organisieren.

Im Kampf herrscht nur Kampf.
Die anstehenden Aufgaben werden nicht mehr gelöst.
Der erste Schritt aber, den Kampf zum Ende zu bringen, ist,
seine Hintergründe besser zu verstehen.
Die folgenden drei Abschnitte wollen Sie darüber aufklären, weshalb Sie selbst und weshalb Ihr/e Partner/in so sehr kämpfen.

Die Aufklärung Ihrer gegenseitigen Schuldvorwürfe

Oft sind Trennung und Scheidung begleitet von gegenseitigen Schuldvorwürfen:
- Wer ist Schuld am Scheitern der Paarbeziehung?
- Wer ist Schuld daran, dass die persönlichen, mit Partnerschaft und Kernfamilie verbundenen Hoffnungen und Sinnerfahrungen zerschlagen sind?
- Wer ist Schuld daran, dass für die Kinder eine Welt zusammengebrochen ist?

Es geht dabei immer um die Frage nach der Verantwortung für das je eigene Tun. Diese Verantwortungsübernahme ist dann besonders schwer, wenn es anderen – dem Partner oder den Kindern – im Zusammenhang mit meinem Tun schlecht geht. Man neigt dann schnell dazu, Leid der anderen zu bagatellisieren oder dem leidenden Partner selbst die Schuld für seine Misere zuzuschreiben.

Übernahme der Verantwortung für den Trennungsschritt

Sind Sie derjenige, der die Trennung initiiert hat, dann ist es wichtig, für diesen Schritt auch die volle Verantwortung zu übernehmen. Ist dadurch für Ihren Partner eine Welt zusammengebrochen, und hält er Ihnen das in seiner Verzweiflung und Ausweglosigkeit vor, dann rechtfertigen Sie sich nicht, sondern halten Sie die Verzweiflung des anderen aus. Wenn Ihr Partner Ihnen z.B. vorhält: *»Du hast mir alles genommen, was meinem Leben Sinn gegeben hat!«* könnten Sie in einem einfühlsamen, aber nicht reumütigem Ton antworten: *»Ja, ich weiß.«*

Aufgabe 3:

Wenn Sie die Trennung initiiert haben, ist Ihr Partner vielleicht in eine große innere Not geraten. Nehmen Sie diese Not wahr, und muten Sie sie Ihrem Partner zu, ohne sich zu rechtfertigen oder seine Not zu bagatellisieren.

Ich weiß, dass mein Partner darunter leidet, dass …

Übernahme der Verantwortung für das Scheitern der Paarbeziehung und die Trennungskrise

Durch die Trennung und Scheidung gerät die Familie insgesamt in eine Krise. Vielleicht geht es Ihnen besonders schlecht, oder Sie sehen, wie Ihr Kind unter der Trennung leidet. Sehr leicht geraten Eltern in die Gefahr, dem anderen Elternteil die **Allein**schuld zuzuschieben.

Deshalb ist es wichtig, dass jeder Partner – sowohl der verlassen hat, als auch der Verlassene – seinen Anteil am Scheitern der Paarbeziehung erkennt, um seine Mitverantwortung an der gegenwärtigen Krise tragen zu können.

Aufgabe 4:

Notieren Sie, wodurch Sie glauben, zum Scheitern Ihrer Paarbeziehung beigetragen zu haben. Lassen Sie sich Zeit. Notieren Sie auch das, was Ihnen später dazu einfällt. Seine eigenen Interessen wenig deutlich gemacht zu haben, kann z. B. ebenso ein Beitrag zum Scheitern der Beziehung sein wie die Interessen zu des anderen zu wenig beachtet zu haben.

Ich habe selbst zum Scheitern unserer Paarbeziehung beigetragen dadurch, dass ich ...

Übernahme der Verantwortung für die Not der Kinder

Häufig reagieren Kinder mit Auffälligkeiten (siehe Abschnitt 4).

Dies halten Eltern oft nur schwer aus, wenn sie unter einem sehr hohen Selbstanspruch stehen: Sie wollen perfekte Eltern sein, wollen ihr Kind immer glücklich und fit sehen und von ihm zu jeder Zeit geliebt werden. Durch die Notsignale der Kinder und ihr auffälliges Verhalten kommen solche Eltern in einen inneren Notstand. Ihre innere Situation wird dann erträglicher, wenn sie dem verhassten Partner die Schuld für die Reaktionsweisen der Kinder zuschieben oder – im Gegenzug – diese Auffälligkeiten verharmlosen und die Not der Kinder bagatellisieren.

Mit diesen Manövern versuchen Eltern von den unerträglichen Schuldgefühlen loszukommen, die Ihnen die Auffälligkeiten und die Not Ihrer Kinder bereiten. Aber genau das Gegenteil ist Ihre Aufgabe als verantwortliche Eltern: die aktive Übernahme der Schuld für die Folgen des Scheiterns Ihrer Paarbeziehung. Erst dann können Sie Ihr Kind verstehen und von seiner Not wirklich betroffen sein ohne falsche Manöver, die letztlich nur in eine elterliche Kampfbeziehung führen und die Not des Kindes – und damit auch ihre eigene – verschlimmern.

Wenn Sie aber bereit sind, sich in Ihr Kind einzufühlen, geht es Ihrem Kind und Ihnen selbst besser. Sie merken, dass es sich durch das, was hier mit der Familie geschieht, in seiner Existenz bedroht fühlt. Sie spüren vielleicht auch, wie sehr es sich in seinem Selbstwert beschädigt fühlt. Sie spüren, wie sehr es den Vater/ausgezogenen Elternteil vermisst und erleben seine Angst, es könnte auch Sie noch verlieren. Scheidungskinder fühlen sich betrogen und vielleicht bringt Ihr Kind unverhohlen seinen Zorn darüber zum Ausdruck, was Sie getan haben.
Halten Sie das aus und rechtfertigen Sie nichts: *»Ja, ich weiß, dass wir Dir weh tun und Dir etwas zumuten, was Du nicht willst.«* Und wenn Ihr Kind keinerlei emotionale Reaktion zeigt und so tut, als gehe es das alles nichts an, dann machen Sie sich nichts vor sondern wissen, dass es innerlich bei ihm ganz anders aussieht.

Aufgabe 5:

Fühlen Sie sich in jedes Ihrer Kinder ein. Worin, spüren Sie, liegt die Not dieses Kindes, und wodurch nehmen Sie diese Not wahr? Notieren Sie Ihre Einfühlungen und Ihre Beobachtungen. (Verlassen Sie sich dabei auf Ihr elterliches Einfühlungsvermögen und fragen Sie nicht Ihr Kind, ob Sie richtig vermuten!)

Meine von mir bewusst getragene Schuld
1. Kind:
2. Kind
3. Kind

Die Aufklärung Ihrer Wut auf Ihre/n Ex-Partner/in

Oft ist die Wut und der Hass, die Sie auf den Partner haben, mit der Trennung nicht vorbei. Sie sind vielleicht durch die Art und Weise, wie die Trennung gelaufen ist, noch verstärkt worden. Manchmal sind Wut und Hass auch wichtig, um sich vom anderen überhaupt trennen zu können.

Manchmal gehen die eheliche Wut und der Hass des Paares aber auch weiter und fließen ungebrochen in die nacheheliche Elternschaft. Dahinter stehen meist Verletzungen, die den Partner so blockieren, dass er – wider besseres Wissen – nicht in der Lage ist, mit dem anderen zu kooperieren.

Dann ist es wichtig, die Verletzungen zu erkennen und nach Möglichkeiten der Wiedergutmachung zu suchen, nach der dann eine Kooperation möglich ist.
Oft ist die Kooperation zwischen Eltern möglich, wenn der Verletzte vom anderen aufrichtig gesagt bekommt, dass es ihm leid tut: *»Es tut mir leid, dass ich Dir immer wieder unerträgliche Stunden bereitet habe, als ich mit Herbert ausgegangen bin.«*

Aufgabe 6 a:

Sie haben verletzt:
Überlegen Sie, welche Verletzungen den anderen an einer Kooperation mit Ihnen hindern, und was Sie Ihrem Ex-Partner an Wiedergutmachung anbieten können, um seine Kooperationsbereitschaft als Elternpartner zu gewinnen.

Der andere, glaube ich, fühlt sich von mir verletzt, weil ich …	Damit es ihm möglich ist, mit mir als Elternpartner zusammen zu arbeiten, könnte ich …

Sie sind derjenige, der weh getan hat, und können nicht bereuen, was Sie getan haben. Bitte bedenken Sie den Unterschied zwischen dem, was Ihnen wichtig war, z.B. Ihre Liebe zu einem/r Freund/in, und dem, was Ihr/e Partner/in damals hat aushalten müssen. Überlegen Sie, ob es Ihnen nicht leid tut, dass der andere darunter so leiden musste: »Ich weiß, dass Ich Dir weh getan habe. Das tut mir leid.«

Aufgabe 6 b:

Sie wurden verletzt:
Überlegen Sie, welche Verletzungen Sie an einer Kooperation mit dem anderen hindern. Was brauchen Sie von Ihrem Ex-Partner an Wiedergutmachung, um mit ihm als Elternpartner künftig kooperieren zu können?

Ich fühle mich vom anderen verletzt, weil er ...	Um mit ihm als Elternpartner zusammen zu arbeiten bräuchte ich von ihm ...

Sind Sie derjenige, der verletzt wurde, teilen Sie dem anderen mit, ob Sie für seine Wiedergutmachung offen sind. Wenn er eine Wiedergutmachung versucht hat, teilen Sie ihm mit, ob Sie sie annehmen und bereit sind, mit Ihm als Elternpartner zu kooperieren, oder ob Sie seine Wiedergutmachung zwar annehmen, aber noch etwas Zeit brauchen, um für eine Kooperation bereit zu sein. Teilen Sie ihm mit, wann Sie bereit sind, Frieden zu schließen und mit ihm zu kooperieren.

Im langfristigen Entwicklungsinteresse unserer Kinder haben wir unsere Verletzungskonten aus der Zeit der Partnerschaft ausgeglichen.

Ich, ...,
habe am .... ernsthaft zum Ausdruck gebracht, dass es mir leid tut, dass .... in der Zeit von... bis ....
so viel hat durchmachen müssen. Ich habe sie/ihn gebeten, mir zu verzeihen und mit mir als Elternpartner zusammenzuarbeiten.

Ich, ...,
war offen für die Wiedergutmachung von ....
und habe sie angenommen.

Es war mir möglich, ihm/ihr zu verzeihen am: ....

Seitdem arbeiten wir als Elternpartner zum Wohle unserer Kinder zusammen.

Die Aufklärung Ihrer Positionskämpfe

Manchmal werden von Eltern bestimmte Positionen verteidigt, als ginge es dabei um alles oder nichts.

Beispiel: Ein Vater will sein Kind sehen, wann immer er Zeit hat. Er ist nicht bereit, sich auf irgend eine verbindliche »Besuchsregelung« einzulassen. Die Mutter dagegen kämpft gerade um diese Regelung: Sie ist unter keinen Umständen bereit, dem Vater Abweichungen zuzubilligen, schon gar nicht Tag täglich.

Hinter solchen positionalen Kämpfen stehen meist bestimmte Ängste, die man nur über die Durchsetzung einer bestimmten Position beruhigen zu können glaubt:

Der Vater in unserem Beispiel hatte Angst, durch die räumliche Trennung von den Kindern auch emotional entfremdet zu werden. Deshalb war ihm die Vorstellung geregelter Kontaktzeiten unerträglich. Die Mutter dagegen fühlte sich durch die Position des Vaters bedrängt und in ihrer Alltagsplanung massiv beeinträchtigt und bestand deshalb auf einer »festen Besuchsregelung«. Daraus ergab sich folgendes Kampfszenario: Der Vater hielt sich nicht an die Zeiten. Die Mutter war darüber wütend und entzog ihm immer wieder die Kinder, was im Vater die Angst nährte, den Kindern zunehmend entfremdet zu werden.

Darum ist es wichtig, dass Sie diese Ängste bei sich selber wahrnehmen und sie dem anderen Elternteil offenbaren. Erst dann, wenn Sie verstanden haben, worum es Ihnen eigentlich geht, können Sie nach **anderen** Möglichkeiten suchen, diese Ängste zu besänftigen. Wenn der oben erwähnte Vater verstanden hat, dass es ihm bei seinem Kampf gegen eine feste Besuchsregelung eigentlich darum geht, als Vater von den Kindern nicht entfremdet zu werden, sondern seine gute Beziehung und Bindung zu den Kindern zu erhalten, kann er nach alternativen Möglichkeiten suchen, wie er dieses, jetzt auch für die Mutter verstehbare Interesse, verfolgen kann. (Siehe auch Variante 2, Seite 33)

Aufgabe 7 a:

Überlegen Sie, welche Ängste Sie blockieren. Gehen Sie dabei aus von Ihrer gegenüber Ihrem Elternpartner hartnäckig geforderten oder verteidigten Streitposition (z.B. »Ich will unbedingt, dass das Kind bei mir wohnt.«).
Fragen Sie sich, was Sie befürchten, wenn es nicht so wäre, wie Sie es wollen (z.B. »...dann hätte ich Angst, eine schlechte Mutter zu sein.«).
Formulieren Sie danach Ihr – aus Ihrer Angst sich ergebendes – positives Interesse (z.B. »Ich möchte das sichere Gefühl haben, eine gute Mutter zu sein.«).
Die nachfolgende Aufzählung soll Ihnen dabei ein wenig helfen.

Ich will unbedingt, dass ....

....

....

....

....

....

....

....

....

....

....

Meine größte Angst und mein stärkstes Interesse

Wenn meine Vorstellungen nicht realisiert werden, habe ich Angst, …	Mein grundlegendes Interesse ist daher das sichere Gefühl zu haben, …
• als Vater/Mutter unbedeutend zu werden.	• als Vater/Mutter wichtig zu bleiben.
• als Vater/Mutter zu versagen.	• es als Vater/Mutter zu schaffen.
• ausgestoßen zu sein.	• nach wie vor zur Familie zu gehören.
• der andere könnte mir das Kind nehmen.	• als Vater/Mutter anerkannt zu werden.
• dem Kind könnte es beim anderen besser gefallen.	• dass unser Kind gern bei mir ist.
• zu verarmen.	• das wir mit dem Geld gut hinkommen
• ein/e schlechte/r Vater/Mutter zu sein.	• ein/e gute/r Vater/Mutter zu sein
•	•
•	•
•	•

Aufgabe 7 b:

Überlegen Sie nun, welche alternative Möglichkeiten Sie haben, Ihr grundlegendes Interesse zu verfolgen, und damit Ihre Angst zu beruhigen. Zwei Varianten mit Lösungen sollen Ihnen die Aufgabe veranschaulichen.

Variante 1: Mutter

Das sichere Gefühl, … eine gute Mutter zu sein …, habe ich, wenn …

… ich mir vorstelle, was ihm sein Papa alles zeigen kann, und wie gut es unser Kind bei ihm hat.

… ich mir vorstelle, wieviel Zeit ich dann am Wochenende für unser Kind habe, und was wir Schönes miteinander unternehmen können.

… der Vater auch befürwortet und es mit trägt, dass unser Kind in eine Ganztagesstätte geht.

… der Vater mich als gleichberechtigten Elternpartner wertschätzt und mit mir zusammen alle wichtigen Fragen und Erziehungsprobleme bespricht.

… wir gemeinsam dafür sorgen, dass sich unser Kind gut entwickelt.

… ich mir vorstelle, dass es uns allen finanziell besser geht, wenn ich voll berufstätig bin.

Variante 2: Vater

Das sichere Gefühl, … als Vater wichtig zu bleiben…, habe ich, wenn …

… ich weiterhin mein Kind in Mathematik unterstütze.

… ich weiterhin mittwochs und samstags mit ihm auf den Fußballplatz gehe.

… ich ihn jeden Tag um 19 Uhr, ehe er ins Bett muss, anrufen und ihm »gute Nacht« sagen kann. Dies zunächst für eine Übergangszeit von einem halben Jahr, bis er in die 2. Klasse kommt.

Das sichere Gefühl, ..., habe ich, wenn ...

Der Streit um eine Orange und die überraschende Lösung

Zwei stritten sich um eine Orange. Sie konnten sich nicht einigen, wie sie die süße Frucht aufteilen sollten. Da kam ein Dritter dazu und fragte jeden von den beiden, worum es ihm eigentlich ginge. Der erste antwortete, er habe Durst und wolle den Saft der Frucht trinken. Der Zweite antwortete, er wolle einen Kuchen backen und benötige dazu die Schale. Also war die Aufteilung klar: Der erste bekam den Saft für seinen Durst, der Zweite die Schale für seinen Kuchen.

Aufgabe 8 a:

Überlegen Sie nun dasselbe für Ihren Elternpartner:
Was, glauben Sie, ist seine Angst. Versuchen Sie, sich in den anderen einzufühlen. Formulieren Sie danach auch sein entsprechendes Interesse. Benutzen Sie dazu die nachfolgende Liste als Hilfe.

Er/sie will unbedingt, dass ....

....

....

....

....

....

....

....

....

....

....

....

....

....

....

....

....

Seine größte Angst und sein grundlegendes Interesse

Mein Elternpartner kämpft so sehr für seine Position, weil er sonst Angst hat, dass …	Sein grundlegendes Interesse ist daher das sichere Gefühl zu haben, …
• er/sie sonst als Vater/Mutter an Bedeutung verliert.	• er/sie wichtig ist für unser Kind.
• er/sie als Vater/Mutter versagt.	• er/sie es als Vater/Mutter schafft.
• er/sie ausgestoßen wird.	• er/sie nach wie vor zur Familie gehört.
• ich ihm/ihr die Kinder weg-nehmen könnte.	• ich ihn/sie als Vater/Mutter anerkenne.
• es unserem Kind bei mir bes-ser gefallen könnte.	• sich unser Kind bei ihm/ihr wohlfühlt.
• er/sie verarmen könnte.	• wir mit dem Geld gut hinkom-men.
• er/sie ein/e schlechte/r Vater/ Mutter sein könnte.	• er/sie ein/e gute/r Vater/Mutter ist.
•	•
•	•
•	•

Aufgabe 8 b:

Überlegen Sie nun, welche Möglichkeiten es gibt, sein grundlegendes Interesse zu berücksichtigen und seine Angst zu beruhigen, so dass er weniger darum kämpfen muss.

Er/sie hat das sichere Gefühl, dass ...., wenn ...

Aufgabe 9:

Wenn Sie die Aufgaben 6 und 7 gemacht haben, haben Sie ein besseres Verständnis sowohl für sich selbst als auch für den anderen. Es ist Ihnen bewusst, was Ihre Ängste sind, und um welches grundlegende Interesse es Ihnen eigentlich geht. Sie haben außerdem neue Möglichkeiten herausgefunden, Ihre Interessen zu verfolgen und erkennen Möglichkeiten, wie Sie auf das elementare Interesse Ihres Elternpartners eingehen können. Die Wahrscheinlichkeit ist jetzt groß, dass Sie ruhig und souverän bleiben, wenn Sie mit Ihrem Elternpartner reden, weil Sie ein tieferes Verständnis dessen mitbringen, worum es Ihnen und ihm eigentlich geht. Die Wahrscheinlichkeit ist jetzt groß, dass Sie einen größeren Verständigungsspielraum gewonnen haben.
Wenn Sie sogar beide die Aufgaben 6 und 7 gemacht haben, dann verdoppelt sich die Wahrscheinlichkeit: Sie können jetzt ruhig miteinander reden und nach gemeinsamen Lösungen für Ihr Kind suchen, mit denen Sie beide als Vater und Mutter leben können. Wenn Sie sich das beide vorstellen können, dann sprechen Sie miteinander.

Worüber ich mir jetzt vorstellen kann, ruhig mit meinem Elternpartner zu reden

1.
2.
3.
4.
5.
6.

Die Ergebnisse unserer Gespräche

Datum	Vereinbarung

Abschnitt 3

Die ersten drei Aufgaben getrennt erziehender Eltern

Folgende drei konkrete Aufgaben kommen auf getrennt erziehende Eltern gleich am Anfang zu:

- Die Vorbereitung des Kindes auf die Trennung vom Vater/von einem Elternteil* im Gespräch
- Die Bewältigung des tatsächlichen Auszugs von Vater/des betreffenden Elternteils
- Die Erarbeitung eines konsensfähigen Betreuungsrahmens für das Kind

Für Ihr Kind sind alle drei Aufgaben von hoher emotionaler Bedeutung. Es ist darum wichtig, diese Aufgaben miteinander zu besprechen und in Einfühlung für das Kind anzugehen. Dem Kind die Veränderung der Wirklichkeit einfühlsam beizubringen ist entscheidend für das Gelingen der Scheidung. Die familiäre Veränderung können Sie Ihrem Kind nicht ersparen. Deshalb bringen Sie sie ihm auf einfühlsame Weise bei, anstatt Unwahrheiten zu erfinden. Versuchen Sie andrerseits aber auch, ihm durch einen Betreuungsrahmen zu helfen, in diese neue Wirklichkeit hineinzufinden, anstatt sie durch elterliche Kämpfe zu brutalisieren.

*Anmerkung: Da der ausziehende Elternteil derzeit noch meist der Vater ist, habe ich der neutralen Formulierung »Elternteil« die Bezeichnung »Vater« oder »Papa« vorangestellt. Dies macht beim Lesen die emotionale Färbung des Geschehens deutlicher.

Bereiten Sie Ihr Kind auf die Trennung vor

Sie sollten Ihrem Kind sagen, dass Sie sich trennen werden, sobald Sie es beide wissen. Suchen Sie sich einen geeigneten Zeitpunkt dafür aus, an dem Sie beide bereit sind, ruhig zu bleiben und die anstehende Trennung Ihrem Kind gegenüber gemeinsam zu verantworten. Wahrscheinlich hat Ihr Kind schon längere Zeit eine Ahnung von dem, was mit Ihrer Paarbeziehung geschieht.

Formulieren Sie klar und ruhig, z.B.:
»Papa und Mama möchten als Mann und Frau nicht mehr zusammen bleiben. Deshalb werden wir uns trennen.«
»Wir denken, dass es das Beste ist für alle, wenn ich ausziehen werde. Ich habe auch schon eine kleinere Wohnung gefunden. Da kann ich in 14 Tagen einziehen.«
»Papa wird Dir die Wohnung morgen zeigen.« »Wir werden dann schauen, wo Du übernachten wirst, wenn Du bei mir bist.«
»Ja, Du wirst dann Papa regelmäßig besuchen. Dann wird er Dich hier abholen.«

Wechseln Sie sich beim Reden ab und lassen Sie immer wieder Pausen zwischen den Sätzen, um Ihrem Kind Zeit zu lassen, zu verstehen, was geschieht, zu reagieren oder zurück zu fragen.
Vermeiden Sie negative Anspielungen auf den Partner. Vermeiden Sie auch Formulierungen wie: *»Papa und Mama streiten sich so oft, deshalb trennen wir uns.«* Ihr Kind könnte so glauben, dass es selbst auch verlassen werden könnte, wenn es unfolgsam gewesen ist oder sich mit einem Elternteil gestritten hat.

Lassen Sie Ihr Kind die räumliche Trennung miterleben

Der Auszug von Papa/eines Elternteils ist für Ihr Kind das zentrale Ereignis, das ihm die Wirklichkeit des Trennungsgeschehens klarmacht.

Mit dem Auszug von Papa/eines Partners beginnt die »Scheidungsphase«. Der Auszug des Elternteils markiert den Beginn der »Scheidungsfamilie«.

Der Tag des Auszugs ist auch der Tag des Abschieds zwischen Kind und Elternteil: Papa/Mama wird künftig woanders zu Hause sein als das Kind.

Es ist in der Regel besser für Ihr Kind, wenn es konkret miterlebt, was geschieht, und nicht mit den vollendeten Tatsachen konfrontiert wird. Planen Sie darum den Auszug so, dass Ihr Kind dabeisein und mithelfen kann, sowohl beim Packen, als auch beim Einräumen.
Zeigen Sie Ihrem Kind, wo sein Platz sein wird, wenn es bei Ihnen ist, und überlegen Sie miteinander, wie man ihn einrichten könnte.

Sorgen Sie für stabile Rahmenbedingungen im Alltag

In der Zeit der Trennung ist es natürlich, dass auch die Alltagsorganisation durcheinander ist. Sie sind als Eltern sehr mit sich selbst beschäftigt und haben oft nur wenig Kraft und Energie für Ihr Kind. Die Schwächung der Eltern kann zusätzlich dazu beitragen, dass bei Kindern Problemverhalten begünstigt wird. Sie sind weniger zugewandt, weniger unterstützend, weniger konsequent und eher in der Gefahr, bei unerwünschten Verhaltensweisen des Kindes in Eskalationsfallen zu geraten. Kurz: Gewünschtes Verhalten des Kindes wird mit weniger Aufmerksamkeit bedacht und unerwünschtes Verhalten wird emotional verstärkt.
Um so wichtiger ist es in dieser Zeit der Instabilität, dass Sie als Eltern möglichst rasch wieder Stabilität und Routine in den Alltag Ihres Kindes bringen, indem Sie miteinander ein Betreuungsmodell für Ihr Kind erarbeiten, einen verlässlichen und berechenbaren Betreuungsrahmen.

Ein Betreuungsmodell gibt Antwort auf die beiden Grundfragen:

- Wo und bei wem soll Ihr Kind leben und zu Hause sein?
- Wie soll der Kontakt zu Papa/zum verzichtenden Elternteil zeitlich gestaltet werden (Umgangsregelung)?

Denken Sie dabei in erster Linie ans Kind:

- Was ist Ihnen beiden wichtig, für Ihr Kind zu erhalten? (Elternbetreuung, Wohnort, Schule, Freunde, Geschwister, Verein)
- Je kleiner Ihr Kind ist, um so kürzer sollten die Kontaktunterbrechungen sein, damit der innere Kontakt zu Papa/zum getrennt lebenden Elternteil während der Kontaktunterbrechung durchgehalten werden kann.

Denken Sie aber auch an Ihre eigenen Interessen:

- Vielleicht möchten Sie (Mama), wenn Sie seither zu Hause waren, wieder in den Beruf einsteigen?
- Vielleicht möchten Sie (Papa), wenn Sie seither voll berufstätig waren, auch mal für eine Zeit bei den Kindern bleiben?

Bedenken Sie:

- Wenn Sie mit Ihrem Kind zusammenleben, können Sie weiterhin den Alltag mit Ihrem Kind teilen, haben dafür aber auch mehr erzieherische Arbeit zu leisten.
- Wenn Sie Ihr Kind an einzelnen Tagen und Wochenenden bei sich haben, können Sie sich diese Zeiten weitgehend freihalten für schöne Dinge mit Ihrem Kind, haben dafür aber den Schmerz der räumlichen Trennung zu verkraften.
- Es ist aber auch wichtig, dass der getrennt lebende Elternteil erzieherische Alltagsverantwortung übernimmt, z.B. in bestimmten Schulfächern.

Als getrennt erziehende Eltern tragen Sie nach wie vor die gemeinsame Verantwortung für Ihr Kind, aber

- Sie haben auch wieder mehr Zeit für sich selbst, wenn die Kinder gerade beim Elternpartner sind.

Der Betreuungsrahmen für unser ältestes Kind

Name: .... Datum: ....

Der Betreuungsrahmen für unser mittleres Kind Name: .... Datum: ....

Der Betreuungsrahmen für unser jüngstes Kind

Name: .... Datum: ....

Ihr Kind wohnt bei Ihnen. Ihr Kind fragt immer wieder nach Papa/dem anderen Elternteil. Das zeigt, dass es eine innere Beziehung zu ihm hat. Damit diese Beziehung zu ihm nicht abreißt, und Ihr Kind sie während der Kontaktunterbrechung durchhalten kann, ist es sinnvoll, Ihrem Kind ein Foto von »Papa«/vom ausgezogenen Elternteil ins Kinderzimmer zu hängen und dazu einen Kalender, auf dem die »Papa-Tage« und die »Mama-Tage« farblich gekennzeichnet sind (Idee aus: Figdor 1998, S.127).

Abschnitt 4

Wie Kinder auf die Trennung und Scheidung ihrer Eltern reagieren

Das Schmerzliche und Verletzende für ein Kind liegt nicht in der Beendigung der Liebesbeziehung der Eltern, sondern darin, dass es von Papa/einem geliebten und bedeutsamen Elternteil getrennt wird.

Im folgenden Abschnitt erfahren Sie, welche Reaktionen Kinder bei Trennung und Scheidung ihrer Eltern zeigen. Berücksichtigt sind Kinder vom Säuglingsalter bis zu 13 Jahren.

Gerade die vernünftigeren älteren Kinder scheinen besonders belastet zu sein. Die Autonomieentwicklung mit beginnender Pubertät ist gefährdet. Das Kind beginnt, seine Kräfte zu sammeln, um sich stärker nach draußen zu orientieren. Stattdessen aber geschehen Ablösungen und Neuorientierungen bei den Eltern. An dieser Stelle sollten Eltern ganz besonders hellhörig sein und darauf achten, dass sie die Autonomie und Selbstständigkeit Ihrer Großen nicht überfordern noch sie aus ihrer eigenen Bedürftigkeit heraus zu sehr an sich binden.

Der Abschnitt 4 umfasst zwei Teile:

- Altersspezifische Stressreaktionen von Kindern
- Der Loyalitätskonflikt älterer Kinder

Anschließend werden Sie angehalten, die Reaktionen Ihre eigenen Kinder zu beobachten.

Altersspezifische Stressreaktionen von Kindern

Kinder können sehr unterschiedlich auf die Trennung von Papa/von einem Elternteil reagieren. Oft entwickeln sie Auffälligkeiten, die als Stressreaktion und als eine Art angemessene Krisenbewältigung verstanden werden können.

Säuglinge:	nächtliches Aufwachen mit Erschrecken, Desorientierung und Schreien.
Kleinkinder:	Trennungsängste, Gebrauch von Ersatzobjekten für die Eltern, Furchtsamkeit, Schlafstörungen, Rückschritte in der Sauberkeitserziehung, gesteigerter Trotz.
Kindergartenkinder:	Weinerlichkeit und Anhänglichkeit, Selbstzweifel, Selbstbeschuldigung, Essenszwang. Jungen reagieren eher aggressiv, Mädchen eher depressiv.
Grundschulkinder:	Traurigkeit und Resignation, Leistungsprobleme, verstärkte Anhänglichkeit zum gegengeschlechtlichen Elternteil, Beschuldigung des trennungsaktiven Eltern teils, Loyalitätskonflikte.
beginnende Pubertät:	psychosomatische Krankheiten oder Depressionen infolge übermäßiger Verantwortlichkeit, Scheinautonomie, Zorn auf den Initiator der Trennung, Einsamkeit und Ohnmacht, Probleme mit Mann- und Frausein, Leistungsprobleme, soziale Scham, Selbstwertprobleme, Angst vor Verlassenwerden, Loyalitätskonflikte.

Ältere Kinder stecken im Loyalitätskonflikt

Findet der partnerschaftliche Kampf kein Ende, gerät er zum Flächenbrand, der sich auf alle drei Klärungsbereiche (Abschnitt 1) ausdehnt. Das bedeutet auch ein erbitterter Kampf ums Kind. Es besteht die Tendenz, den anderen Elternteil auszustoßen. Gründe dafür liegen für jeden »auf der Hand«, und es werden Anträge auf »Alleinige elterliche Sorge« gestellt. Ein Ende des Kampfes ist nicht abzusehen.

Durch solche Kämpfe gerät Ihr Kind in ein unlösbares Dilemma (Loyalitätskonflikt): Ihr Kind fühlt sich zwischen Ihnen zerrissen. Ist es seinem Vater zugetan, muss es sich als Verräter der Mutter fühlen. Ist es seiner Mutter zugetan, kommt es nicht umhin, seinen Vater zu verraten. Sie sind nicht mehr in der Lage, Ihrem Kind das zu geben, was es für seine langfristige Entwicklung braucht: die unbelastete Liebe und Bindung zu Vater und Mutter. Außerdem ist die elterliche Autorität bedroht. Wenn Eltern gegeneinander kämpfen, sind sie nicht mehr in der Lage, ihrem Kind erzieherisch eine klare Orientierung zu geben. Die Generationengrenze ist verwischt.

- Manche Kinder ziehen sich immer mehr in sich zurück.
- Manche Kinder werden immer schwieriger zu erziehen.
- Manche Kinder lernen, wie sie die Eltern zum eigenen Vorteil ausspielen können.
- Manche Kinder schlagen sich auf eine Seite und sagen, sie wollten den Vater/den anderen Elternteil nicht mehr sehen. Sie tun das um den Preis eines tiefsitzenden Schuldgefühls gegenüber dem Vater/dem abgelehnten Elternteil. Zwischen dem Kind und der Mutter/dem alleinerziehenden Elternteil verschärfen sich die Konflikte zunehmend.

Aufgabe 10 a:

Notieren Sie, welche auffallenden Reaktionen und Verhaltensweisen Sie bei Ihrem Kind beobachten.

Was mir auffällt an unserem Kind/unseren Kindern
1. Kind:
2. Kind
3. Kind

Aufgabe 10 b:

Tragen Sie in einen Beobachtungsbogen ein, wie häufig Sie dieses auffällige Verhalten bei Ihrem Kind feststellen. Tun Sie das eine Woche lang. So können Sie feststellen, wie häufig die Auffälligkeit bei dem beobachteten Kind tatsächlich ist.

Verhaltensbeobachtung

Problemverhalten: ....

....

von: ....

Tag	1x	2x	3x	4x	5x	6x	7x	8x	9x	10x	11x	12x	13x	14x	15x	Summe
So																
Mo																
Die																
Mi																
Do																
Fr																
Sa																

Problemverhalten: ....

....

von: ....

Tag	1x	2x	3x	4x	5x	6x	7x	8x	9x	10x	11x	12x	13x	14x	15x	Summe
So																
Mo																
Die																
Mi																
Do																
Fr																
Sa																

Problemverhalten: ....

....

von: ....

Tag	1x	2x	3x	4x	5x	6x	7x	8x	9x	10x	11x	12x	13x	14x	15x	Summe
So																
Mo																
Die																
Mi																
Do																
Fr																
Sa																

Abschnitt 5

Wie Sie ihrem Kind helfen, sich weiterhin sicher und geborgen zu fühlen

In diesem Abschnitt erfahren Sie, was Sie tun können, um Ihrem Kind in dieser Zeit innerer und äußerer Erschütterung wieder Sicherheit und Geborgenheit zu geben.

Es geht dabei im Wesentlichen um folgende 4 Erziehungsstrategien:

- Verbringen Sie wertvolle Zeit mit Ihrem Kind
- Reden Sie mit Ihrem Kind
- Zeigen Sie Ihrem Kind Einfühlung und Zuneigung, wenn es traurig ist
- Sichern Sie Ihrem Kind die Liebe beider Eltern zu und erlauben Sie ihm seine Liebe zu beiden Eltern

Die ersten drei Erziehungsstrategien lehnen sich an das positive Erziehungsprogramm von Triple P (**P**ositive **P**arenting **P**rogram) an, in welchem sie empfohlen werden zur Förderung der Eltern-Kind-Beziehung. Am Ende des nächsten Abschnitts 6 finden Sie eine Auflistung aller Triple P-Erziehungsstrategien (Seite 75).

Verbringen Sie wertvolle Zeit mit Ihrem Kind

Es hat sich gezeigt, dass es wichtiger ist, jedesmal dann, wenn Ihr Kind auf Sie zukommt, sich für kurze Zeit (1-2 Minuten) mit ihm zu beschäftigen, als z.B. einmal am Tag eine ganze Stunde.
Kinder in der familiären Trennungskrise brauchen verstärkt Bindungssicherheit. Darum ist es für sie besonders wichtig, dass Sie da sind für Ihr Kind, wann immer es Sie braucht. Unterbrechen Sie also für kurze Zeit Ihre Tätigkeit und widmen Sie sich Ihrem Kind, wenn es etwas von Ihnen möchte, und schenken Sie ihm Ihre Aufmerksamkeit. Ist das nicht sofort möglich, versuchen Sie kurz darauf etwas Zeit mit Ihrem Kind einzuplanen.
In der Trennungskrise sind Sie natürlich selbst innerlich sehr mit sich selbst beschäftigt. Vielleicht hilft es Ihnen, wenn Sie sich sagen: Jetzt bin ich da für mein Kind. Wenn mein Kind schläft, habe ich wieder Zeit für mich. Versuchen Sie innerlich die Dinge zu trennen, ähnlich wie Sie auch das Persönliche warten lassen, wenn Sie beruflich zu tun haben.

Reden Sie mit Ihrem Kind

Wann immer Ihr Kind mit Fragen auf Sie zukommt, geben Sie ihm eine verständliche und realistische Antwort.

»Nein, Papa wird nie mehr hier wohnen.«
»Papa und Mama haben sich getrennt, weil wir uns als Mann und Frau nicht mehr verstehen.« »Nein, Du bist nicht schuld daran, dass wir uns getrennt haben. Daran sind wir selber schuld. Kein Kind ist schuld an etwas, was Erwachsene tun.«
»Du brauchst keine Angst haben, dass ich Dich verlasse. Ich bleibe bei Dir, bis Du groß und auch erwachsen bist.«
»Ja, Papa mag Dich sehr, und er ist auch sehr traurig, dass er nicht mehr jeden Tag bei Dir sein kann. Aber er freut sich sehr darauf, bis er Dich am Wochenende wieder sehen kann.«
»Ja, Du darfst weiterhin mit Opa angeln gehen.«

Lesen Sie Ihrem Kind Geschichten vor, oder schauen Sie sich mit ihm ein Bilderbuch an über Trennung von Eltern. Reden Sie mit Ihrem Kind darüber, was es verstanden hat. Fragen Sie Ihr Kind, was in der Bilderbuchfamilie gleich und was anders ist als in der eigenen Familie.

Im Anhang 1 Ihres Arbeitsbuches finden Sie eine Liste mit Kinderbüchern, im Anhang 2 die Schildkrötengeschichte.

Aufgabe 11:

Beobachten Sie aufmerksam, was Ihr Kind beschäftigt, und gehen Sie darauf ein, ohne mit bohrenden Fragen in Ihr Kind zu dringen.
Welche Anliegen und Fragen hat Ihr Kind?

Anliegen und Fragen unseres Kindes
Name:
Name:
Name:

Zeigen Sie Ihrem Kind Einfühlung und Zuneigung, wenn es traurig ist

Wenn Ihr Kind traurig ist, weil ihm der andere Elternteil fehlt, zeigen Sie Verständnis dafür und trösten Sie es: *»Ja, ich weiß, dass Du traurig darüber bist, dass Papa nicht mehr bei uns wohnt.«* Vielleicht mag es Ihr Kind, wenn Sie es dabei im Arm halten. Versuchen Sie nicht, Ihrem Kind den Schmerz auszureden oder es zu vertrösten: *»Sei nicht traurig, am Sonntag siehst Du ihn ja schon wieder.«* Nehmen Sie Ihr Kind ernst, und halten Sie es aus, ihm den Trennungsschmerz zuzumuten.

Wenn Sie der Elternteil sind, der ausgezogen ist, müssen Sie damit fertig werden, nicht mehr mit Ihrem Kind zusammen ein »zu Hause« zu haben. Das ist schmerzlich für Sie und für Ihr Kind. Dies wird so lange schmerzlich sein, bis Sie und Ihr Kind die Gewissheit haben, dass Ihre Liebe zueinander und Ihre Bindung erhalten bleibt und auch unter den neuen Alltagsbedingungen ausreichend intensiv gelebt und gepflegt werden können. Dann wird der Abschied fast so werden, wie wenn der eine ins Geschäft, der andere in die Schule gehen muss. Das wird aber Zeit brauchen. Am Anfang ist in der Abschiedssituation viel Trauer und Schmerz zu spüren. Kinder können dann sagen: *»Ich will noch nicht gehen. Ich will bei Dir bleiben.«* Dies sollten Sie als Ausdruck des Trennungsschmerzes verstehen, nicht als ein Wunsch, nicht mehr bei Mama/beim anderen Elternteil wohnen zu wollen. Wenn dabei Tränen fließen, und Sie selbst auch sehr gerührt sind, dann weinen Sie ruhig ein wenig zusammen: *»Ich bin auch traurig, dass Du wieder von mir weggehen musst.«* Machen Sie keinen Hehl aus Ihrem Schmerz. Achten Sie aber darauf, dass Sie Ihren Schmerz nicht heftiger zum Ausdruck bringen als Ihr Kind den seinigen.

Wenn Sie der Elternteil sind, der das Kind zu Hause wieder in Empfang nimmt, dann werden Sie feststellen, dass Ihr Kind sich vielleicht eine gewisse Zeit auffällig zeigt. Seien Sie sicher: Es liegt in der Regel nicht daran, dass es beim Elternpartner nicht schön war. Es liegt vielmehr daran, dass der Abschied und der Übergang vom einen zum anderen Elternteil eine schwierige emotionale Aufgabe für Ihr Kind ist. Finden Sie heraus, was in dieser Situation das Beste für Ihr Kind ist: Manche Kinder wollen nach der Begrüßung eher in Ruhe gelassen werden und sich zurückziehen. Zeigen Sie Verständnis dafür. Manche Kinder bringen ihre Trauer offen zum Ausdruck. Reagieren Sie einfühlsam.

Aufgabe 12:

Notieren Sie, wie Ihr Kind seine Traurigkeit zum Ausdruck bringt (in Worten und/oder ohne Worte) und überlegen Sie, wie Sie angemessen einfühlsam reagieren können.

Einfühlsamkeit, wenn unser Kind traurig ist	
Unser Kind	Eine einfühlsame Elternreaktion wäre ...
Unser Kind	Eine einfühlsame Elternreaktion wäre ...
Unser Kind	Eine einfühlsame Elternreaktion wäre ...

Sichern Sie Ihrem Kind die Liebe beider Eltern zu

Kinder wissen nicht, wie sie mit dem emotionalen Beziehungsabbruch der Eltern umgehen sollen. Sie wissen nicht, wie sie ihre Liebe und Bindung zu beiden Eltern ausdrücken dürfen.
Klären Sie Ihr Kind – möglichst zu zweit – darüber auf, dass es auch nach Ihrer Trennung von Papa und Mama geliebt wird. Geben Sie Ihm die aufrichtige und ernst gemeinte Erlaubnis, den anderen Elternteil gern haben und sich bei ihm wohl fühlen zu dürfen. Nehmen Sie es darum auch positiv auf, wenn Ihr Kind von schönen Erfahrungen beim anderen Elternteil erzählt.

Aufgabe 13 a:

Teilen Sie Ihrem Kind mit, dass es auch nach der Trennung der Liebe beider Eltern sicher sein darf und seine Liebe jedem Elternteil getrost zeigen kann. Diese Zusage müssen Sie Ihrem Kind immer wieder geben.

Wir haben unserem Kind/unseren Kindern zugesichert, dass wir beide es/sie sehr lieben auch nach unserer Trennung, und dass es selber die Mama ganz arg gern haben darf und den Papa ganz arg gern haben darf.

Zeit: .... Ort: ....

anwesende Elternteile: ....

Aufgabe 13 b:

Denken Sie darüber nach, woran Ihr Kind Tag täglich das Einlösen Ihrer Zusage erkennen kann.

Dass ich die Liebe zwischen unserem Kind/unseren Kindern und seinem anderen Elternteil positiv aufnehme, kann unser Kind/können unsere Kinder daran erkennen, dass ...

Wenn es Ihnen schwer fällt, positiv aufzunehmen, dass Ihr Kind sich beim anderen Elternteil wohlfühlt, dann sprechen Sie das offen an, und übernehmen Sie die Verantwortung dafür: *»Es fällt mir gerade schwer, mich mit Dir mitzufreuen, dass es bei Papa so schön gewesen ist. Das tut mir leid. Es hat aber nichts mit Dir zu tun, sondern nur mit mir und Papa.«* Sollte das Problem anhalten beschäftigen Sie sich mit Abschnitt 2 »Klärung der eigenen Gefühle« oder suchen Sie professionelle Hilfe.

Aufgabe 13 c:

Seien Sie sich bewusst, was Ihr Kind mit jedem von Ihnen gerne macht. Das hilft Ihnen, sich klarzumachen, wie gerne Ihr Kind Sie beide hat.

Mit mir macht unser Kind gerne:	Mit dem anderen Elternteil macht unser Kind gerne:
Name	
Name	
Name	

Abschnitt 6

Wie Sie Ihrem Kind helfen, sich neu zu orientieren

Die Familie besteht nach einer Trennung aus zwei Teilfamilien und aus zwei sich abstimmenden Eltern.

Diese neue Familienrealität wird von allen als besonders schmerzlich erlebt bei den jährlichen Festtagen wie Geburtstage und Weihnachten: Diese Feste kann das Kind nicht mehr mit beiden Eltern gleichzeitig verbringen, sondern nur mit dem Vater oder mit der Mutter.
Nur noch bei größeren Familienfesten wie die Kommunion, die Konfirmation oder die Hochzeit des Kindes kommt die ursprüngliche Kernfamilie zusammen.

Die neue Familienrealität erfordert, sauber mit den Teilfamiliengrenzen umzugehen. Diese können als Zuständigkeitsgrenzen der beiden Elternteile angesehen werden. Es ist wichtig, genau zu beachten, was nach wie vor Sache beider Eltern ist, und was Sache der jeweiligen Teilfamilie und des entsprechenden Elternteils.

Nicht nur die Eltern können da Unordnung ins neue Gefüge bringen, wenn sie sich gegenseitig dreinreden, sondern auch die Kinder können für Unordnung sorgen, vor allem wenn sie im Loyalitätskonflikt zwischen den Eltern stehen.
Vorkommen kann z.B.: Das Kind
... beklagt sich bitterlich bei einem Elternteil über den anderen *(»Mama hat überhaupt keine Zeit mehr für mich, seit sie ihren Freund hat«)*;
... zeigt ein Fehlverhalten des anderen Elternteils an *(»Papa hat mich den ganzen Abend fernsehen lassen«)*;
... macht die Unternehmungen mit dem anderen Elternteil madig *(»Es war langweilig im Zoo.«)*;
... äußert Kritik gegenüber Mama/dem Elternteil, bei dem es wohnt *(»Bei Papa ist es viel schöner als bei Dir.«)*.
Die meisten Kinder tun dies nicht aus böser Absicht. Sie meinen vielmehr,

einem Elternteil eine stärkere Loyalitätsversicherung geben zu müssen. Es ist also ein kindlicher Versuch, mit seinem Dilemma zwischen den Eltern zurechtzukommen. Dieses Dilemma wird in der Übergangssituation besonders spürbar.

Wenn Sie sich an einige Regeln halten, können Sie Ihrem Kind auch in dem neuen Familiensystem eine gute Orientierung geben und Ihre elterliche Autorität bewahren:

- Es gibt Dinge, die müssen die Eltern miteinander regeln ohne das Kind einzubeziehen.
- Es gibt Dinge, die in die Teilfamilie gehören und in die sich der andere Elternteil nicht einmischen sollte.
- Der angemessene Umgang mit auffälligen Verhaltensweisen während der Trennungskrise

Die nachfolgenden Abbildungen zeigen Ihnen anhand kleiner Landkarten den Unterschied zwischen einer funktionierenden und einer nicht funktionierenden Scheidungsfamilie:

Bei der funktionierenden Scheidungsfamilie sind die *Grenzen* der Teilfamilien klar und durchlässig:
Jeder weiß um die Intimität der Teilfamilie und achtet ihre Grenze. So können Informationen ohne Angst vor Einmischung oder Konkurrenz ausgetauscht werden.
Bei der funktionierenden Familie ist auch die *Generationengrenze* zwischen den Eltern und den Kindern wieder klar und durchlässig:
Die Eltern kooperieren miteinander. Das bedeutet, dass ihre elterliche Autorität intakt ist. Die Eltern haben eigene Verantwortungsbereiche, wo sie ohne Mitwirkung des Kindes entscheiden. So ist es auch wieder möglich, dem Kind die Aufmerksamkeit und Zuwendung zu geben, die es braucht.

Bei der nicht funktionierenden Scheidungsfamilie leben die Eltern im Kampf miteinander: Sie werten einander ab, machen dem anderen Verhaltensvorschriften oder unterlaufen ihn. Sie reden nicht mehr miteinander oder streiten sich. Vielleicht versucht jeder auch das Kind auf seine Seite zu ziehen. Die Abgrenzung der Teilfamilien voneinander ist unklar. Die elterliche Autorität ist gespalten. Es besteht die Gefahr, dass das Kind in eine ihm unangemessene

Machtposition kommt (siehe auch S. 51). Das Kind steht in der akuten Gefahr, anhaltend traumatisiert zu werden und in seiner Entwicklung Schaden zu nehmen.

Bei der dysfunktionalen Scheidungsfamilie II wird ein Elternteil – in unserer Abbildung ist es der Vater, wie meistens in der Praxis – gänzlich ausgeschlossen. Das Kind steht nicht mehr im Loyalitätskonflikt, aber es hat seine Beziehung zum Vater endgültig verloren. Häufig verschärfen sich die Konflikte zwischen Mutter und Kind. Das Kind wird nachhaltig traumatisiert.

Funktionales Familiensystem

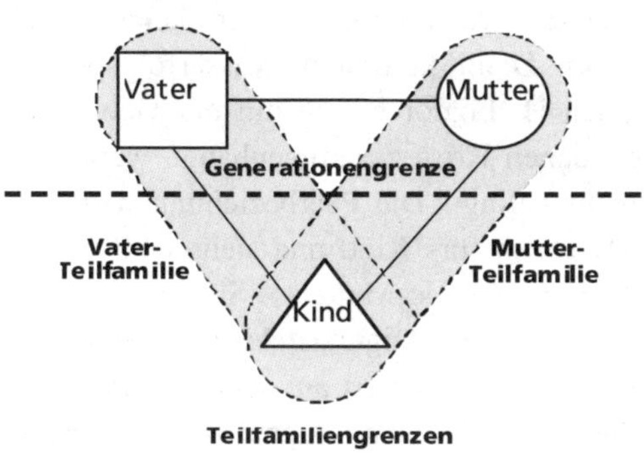

intakte Elternautorität

M V

K

Dysfunktionales Familiensystem I

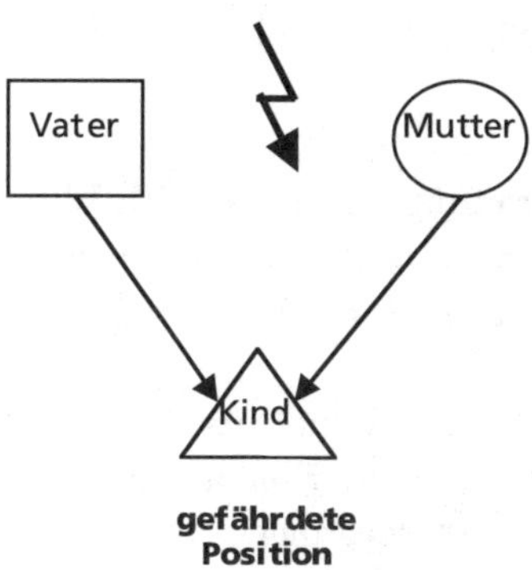

unangemessene Machtpositionen des Kindes

K

M V

M K / **V**

V K / **M**

Dysfunktionales Familiensystem II

70% aller Kinder haben 3 Jahre nach der Trennung ihrer Eltern keinen regelmäßigen Kontakt mehr zu ihren Vätern. Damit kommt ein Misserfolgsprozess zu seinem tragischen Ende, der nach H. Figdor häufig mit der Geburt des ersten Kindes und der damit verbundenen Krise zusammenhängt, wenn dem Paar der Übergang zur Familie nicht gelingt: Die Paarbeziehung wird vernachlässigt. Die Frau gilt als die Expertin fürs Kind und sieht sich in ihrer Mutterrolle gefangen (später: »allein erziehende Mutter«). Sie fühlt sich im Stich gelassen. Der Mann weicht aus auf Bestätigungsfelder außerhalb der Familie (z.B. Beruf). Als Vater sieht er sich reduziert auf seine Ernährerrolle (später: »Zahlvater«) mit dem Gefühl, für das Kind emotional weniger bedeutsam zu sein.

Es gibt Dinge, die müssen die Eltern miteinander regeln, darum: Vermeiden Sie es, das Kind als Briefträger zu benutzen

Eine Gefahr besteht darin, das Kind als Briefträger zwischen den Eltern zu benutzen: *»Sag Deiner Mutter, dass ich Dich am nächsten Wochenende nicht holen kann.«* Oder auch: *»Sag Deinem Vater, dass Du heute noch zum Geburtstag gehst, damit er Dich früher zurückbringt.«*
Was einfach aussieht, kann sich hinterher als hoch kompliziert herausstellen. Erwachsenenangelegenheiten sollten Sie nicht über das Kind miteinander austauschen. Reden Sie deshalb direkt mit Ihrem Elternpartner.

Elternsache:

- Alles, was mit der Umgangsregelung zu tun hat wie Termine, Absprachen, Ausnahmewünsche.
- Alle wichtigen Informationen und Entscheidungen, die das Kind betreffen wie Schule, Gesundheit.
- Alles, was mit Geld zu tun hat.

Wenn Sie über diese Dinge miteinander verhandeln, vermeiden Sie Streit vor Ihrem Kind. Sie geben ihm dadurch Sicherheit und sind für Ihr Kind ein positives Modell dafür, wie man Konflikte löst.

Aufgabe 14 a:

Vereinbaren Sie einen regelmäßigen Besprechungstermin in einem Abstand, der Ihnen beiden sinnvoll erscheint. Erlauben Sie sich die Zeit, das herauszufinden. Erlauben Sie sich Probeläufe. Regelmäßige Besprechungen minimieren »Pannen« – das verhält sich in einem komplexeren Familiensystem nicht anders wie in einer Firma: Das Fehlen von Regelkommunikation bringt Missverständnisse und Probleme.

Unser elterlicher Besprechungstermin

Zeit: ....

Ort: ....

Aufgabe 14 b:

Sie sollten sich darauf einstellen, dass – v.a. in der Anfangszeit Ihrer Scheidungsfamilie – Verunsicherungen auftreten können, die einen erhöhten Klärungsbedarf erforderlich machen. Legen Sie miteinander fest, in welchen Bahnen Ihre Kommunikation laufen kann, wenn ein Elternpartner rasche Klärung braucht.

Unser »Notfall-Programm«

Anlässe: Verunsicherungen aufgrund von Informationen, die von Dritten zugetragen wurden (Kind, Bekannte, Rechtsanwalt ...), rasche Entscheidungen, Klärung bei Terminüberschneidungen ...

Mögliche Kommunikationskanäle (Hotline):

Vater: .... **Mutter:** ....

Es gibt Dinge, die gehören in die Teilfamilie, darum: Vermeiden Sie es, sich in die andere Teilfamilie einzumischen

Unterscheiden Sie für sich klar die

Beziehung	zwischen Ihnen und Ihrem getrennten Partner
von der Beziehung	zwischen Ihrem Kind und seinem anderen Elternteil.

Die Gefahr einer Verwischung dieses grundlegenden Unterschieds ist besonders dann gegeben, wenn Ihr Kind über den anderen Elternteil klagt.
An dieser Stelle müssen Sie sich davor hüten, aktiv mit Ihrem Klagen einzustimmen. Nehmen Sie die Klagen des Kindes einfach zur Kenntnis und zeigen ihm, dass Sie es verstanden haben, indem Sie seine Gefühle nochmals in Worte fassen: *»Also, Du warst enttäuscht, dass Papa nicht mit Dir zum Schwimmen gehen konnte, obwohl ihr es letztes Mal miteinander ausgemacht habt.«* Muten Sie Ihrem Kind diese Enttäuschung zu, und versuchen Sie nicht, Ihr Kind dafür zu entschädigen oder ihm einen Ausgleich für diesen Verzicht anzubieten. Kinder müssen lernen, mit Enttäuschungen zurechtzukommen. Fragen Sie aber Ihr Kind, ob es mit dem anderen Elternteil schon darüber geredet hat. Falls nicht, ermutigen Sie es dazu.

Wenn Sie sich als Vermittler etablieren, bestehen folgende Gefahren:

- die Kommunikationsstörung zwischen Kind und Elternpartner wird aufrechterhalten – *»Mama redet ja für mich mit Papa.«*
- der Elternpartner wird an einer empfindlichen Stelle getroffen – *»Das ist doch meine Sache mit dem Kind!«* (Teilfamiliengrenze!)
- dem Kind wird Macht über den anderen Elternteil gegeben – *»Wenn Papa nicht macht, was mir gefällt, kriegt er von Mama eins drauf.«* (Generationengrenze!)

Es lohnt sich also, einen kühlen Kopf zu bewahren und mit Einflussnahmen oder gut gemeinten Vermittlungen zurückhaltend zu sein.

Jedes Kind muss mit dem Vater und der Mutter leben, die es hat.

Aufgabe 15:

Notieren Sie sich kritische Aussagen Ihres Kindes über den anderen Elternteil und überlegen Sie, wie Sie darauf gut reagieren können, so dass Sie einerseits die Zuständigkeitsgrenze gegenüber der anderen Teilfamilie wahren, andrerseits auch das Kind ernst nehmen. Beobachten Sie dabei auch selbst Ihre eigene innere Haltung gegenüber Ihrem Elternpartner (Abschnitt 2).

Klagen des Kindes	Meine gute Reaktion darauf
Name	
Name	
Name	

Der elterliche Umgang mit auffälligen Verhaltensweisen: Verstehen Sie auffälliges Verhalten als Reaktion auf die Trennung von einem geliebten und bedeutsamen Elternteil

Wenn sich Ihr Kind nach der Trennung auffällig verhält, dann bleiben Sie ruhig und konsequent:

- Bleiben Sie ruhig: Schreien Sie nicht, diskutieren Sie nicht, halten Sie keine »Predigten«.
- Bleiben Sie konsequent: Hausaufgaben müssen gemacht werden. Ihr Kind muss weiterhin in die Schule. Ihr Kind muss weiterhin zu einer bestimmten Zeit ins Bett. Ihr Kind soll weiterhin im eigenen Bett schlafen. Ihr Kind darf weiterhin nur eine bestimmte Zeit am Tag Computerspiele machen usw.

Das Wichtigste aber ist, dass Sie sein auffälliges Verhalten seit der Trennung verstehen als mögliche Reaktion auf die Trennung vom Vater/von einem geliebten Elternteil und daraus Ihre Konsequenzen ziehen für Ihr elterliches Verhalten in dieser Krisensituation:

Auffälligkeiten im Sozialverhalten (aggressive Reaktionen, Wutausbrüche)

Sie sind möglicherweise Ausdruck der inneren Enttäuschung Ihres Kindes: *»Warum habt Ihr mir das angetan?« »Warum hast Du mich verlassen?« »Hast Du mich wirklich geliebt?« »Wie wichtig war ich Euch überhaupt?«*

Äußerlich greift Ihr Kind Sie an, aus Verletztheit, Enttäuschung und Wut. Innerlich aber möchte es hören, dass es nicht stimmt, was es Ihnen unterstellt. Es möchte die Botschaft von Ihnen bekommen: *»Trotz allem, was Du gerade wegen uns durchmachen musst, sollst Du wissen und spüren, dass Du für uns immer noch das Wichtigste bist in unserem Leben.«*

Lustlosigkeit und Leistungsabfall in der Schule

Sie sind möglicherweise Ausdruck dafür, dass Ihr Kind seine Energien nicht für seine schulischen Aufgaben einsetzen kann, sondern diese braucht, um zu begreifen, was geschehen ist: *»Werde ich Papa jetzt verlieren?« »Wie wird es weitergehen?« »Wie soll ich meinen Geburtstag feiern?« »Wie wichtig ist eigentlich noch, was ich tue?«*

Äußerlich scheint Ihr Kind gleichgültig zu sein. Innerlich aber befasst sich Ihr Kind mit schwierigen Aufgaben, die es alleine nicht lösen kann. Es braucht Ihre Einfühlung: *»Ich weiß, dass Du gerade viel an unsere Familie denkst, und wie es mit Dir und Deinem Papa weitergeht. Aber es geht gut weiter. Auch wenn ich mich von ihm getrennt habe, und wir kein Paar mehr sind, darfst Du ihn doch ganz arg liebhaben und ihn oft sehen. Er wird Dir auch weiterhin in Mathe helfen.«*

Auffälligkeiten im Autonomieverhalten (Ängste, Rückschritte in der Sauberkeitserziehung, übertriebene Anhänglichkeit)

Sie sind möglicherweise Ausdruck einer inneren Not und Hilflosigkeit Ihres Kindes, in die es durch die Trennung von einem geliebten Elternteil gekommen ist. Es ist die kindliche Bemühung, wieder rückgängig zu machen, was geschehen ist: *»Ich brauche Euch doch beide.« »Ich möchte klein sein und unschuldig.«*

Äußerlich macht Ihnen Ihr Kind Sorgen. Innerlich aber möchte es Ihre Liebe, von Ihnen die Botschaft spüren, dass es nicht stimmt, wovor es sich ängstigt: *»Wir lieben Dich.« »Es ist nicht Deine Schuld.« »Du bist Papas Herzchen, und Papa ist Dein lieber Paps.«*

Wenn Sie die verschlüsselten ängstlichen Fragen hinter dem auffälligen Verhalten Ihres Kindes verstehen, werden Sie ihm außerhalb der akuten Problemsituationen beruhigende Antworten geben können, sodass die Auffälligkeiten abnehmen und schließlich verschwinden.
Machen Sie z.B. Ausnahmen da, wo Sie das Gefühl haben, Ihr Kind braucht das gerade: Lassen Sie es mal später mit den Hausaufgaben beginnen, wenn Sie meinen, es braucht vorher ein wenig Ruhe oder Ihre Nähe. Lassen Sie Ihr

Kind eine Zeitlang in Ihrem Bett schlafen, wenn Sie meinen, es braucht gerade auch nachts Ihre Nähe und die Gewissheit Ihrer Gegenwart.
Beobachten Sie Ihr Kind. Überlegen Sie, was es Ihnen mit seinen Auffälligkeiten sagen will. Überlegen Sie – möglichst gemeinsam –, was es von Ihnen als Eltern braucht. Reagieren Sie aber nicht problemverstärkend, indem Sie in unmittelbarem Zusammenhang mit dem Problemverhalten belohnend (mit hoher emotionaler Aufmerksamkeit) reagieren. Wenden Sie bei Problemverhalten die Triple P-Strategien zum Umgang mit Problemverhalten an (Seite 69). Sie sind auch bei Trennung und Scheidung angemessen und effektiv.

Wenn Sie den Eindruck haben, dass Ihr Kind die Trennungssituation emotional bewältigt hat (seine Auffälligkeiten sind aufgrund Ihrer Einfühlung und Ihres angemessenen Umgangs mit Problemverhalten zurückgegangen), dann gehen Sie allmählich wieder zu erzieherischer Normalität über. Wenn alles gut gelaufen ist, vielleicht nach einem Jahr.
Nehmen Sie langfristig keine dauerhafte Schonhaltung ein gegenüber Ihrem »armen Scheidungskind«, und lassen Sie auch nicht zu, dass andere das tun.

Aufgabe 16:

Gehen Sie aus von den Auffälligkeiten, die Ihr Kind nach der Trennung entwickelt hat (siehe Abschnitt 4). Versuchen Sie sein Verhalten in Sprache zu übersetzen: Was will unser Kind damit sagen oder fragen? Beschreiben Sie danach, auf welche Weise Sie ihm Antwort und innere Gewissheit geben können.

Auffällige Trennungsreaktion unseres 1. Kindes:	
Was will uns unser Kind damit sagen oder fragen?:	**Mein Antwortverhalten:**

Auffällige Trennungsreaktion unseres 2. Kindes:	
Was will uns unser Kind damit sagen oder fragen?:	**Mein Antwortverhalten:**

Auffällige Trennungsreaktion unseres 3. Kindes:	
Was will uns unser Kind damit sagen oder fragen?:	**Mein Antwortverhalten:**

Die 17 Triple P-Erziehungsstrategien
(Sanders/Markie-Dadds/Turner 1999)

Wie entwickelt man eine positive Beziehung zu seinem Kind?

1. Verbringen Sie wertvolle Zeit mit Ihrem Kind.
2. Reden Sie mit Ihrem Kind.
3. Zeigen Sie Ihrem Kind Zuneigung.

Wie fördert man wünschenswertes Verhalten?

4. Loben Sie Ihr Kind (auch immer dann, wenn es tut, was Sie sagen).
5. Schenken Sie Ihrem Kind Aufmerksamkeit.
6. Sorgen Sie für interessante Beschäftigungen.

Wie kann man Kindern neue Fähigkeiten oder Verhaltensweisen beibringen?

7. Lernen am Modell
8. Beiläufiges Lernen
9. Fragen – Sagen – Tun
10. Benutzen Sie die Punktekarte zur Motivationsverstärkung

Umgang mit Problemverhalten

11. Stellen Sie Familienregeln auf und
12. benutzen Sie direktes Ansprechen bei Regelverstoß.
13. Setzen Sie bei leichtem Problemverhalten absichtliches Ignorieren ein.
14. Geben Sie klare, ruhige Anweisungen, und
15. setzen Sie logische Konsequenzen ein, oder
16. benutzen Sie den Stillen Stuhl bei Nichtbefolgen
17. Benutzen Sie die Auszeit, um auf schwerwiegendes Problemverhalten zu reagieren.

Wenn Sie die Aufgaben und Verhaltenstipps der beiden Abschnitte 5 und 6 durchgeführt haben, können Sie an dieser Stelle noch einmal – wie in Aufgabe 10 b – anhand der nachfolgenden Beobachtungsbögen überprüfen, ob die Häufigkeit des auffälligen Verhaltens bei Ihrem Kind abgenommen hat.

Verhaltensbeobachtung

Problemverhalten: ....

....

von: ....

Tag	1x	2x	3x	4x	5x	6x	7x	8x	9x	10x	11x	12x	13x	14x	15x	Summe
So																
Mo																
Die																
Mi																
Do																
Fr																
Sa																

Problemverhalten: ....

....

von: ....

Tag	1x	2x	3x	4x	5x	6x	7x	8x	9x	10x	11x	12x	13x	14x	15x	Summe
So																
Mo																
Die																
Mi																
Do																
Fr																
Sa																

Problemverhalten: ....

....

von: ....

Tag	1x	2x	3x	4x	5x	6x	7x	8x	9x	10x	11x	12x	13x	14x	15x	Summe
So																
Mo																
Die																
Mi																
Do																
Fr																
Sa																

Abschnitt 7

Wie sie Kooperation in der Elternbeziehung fördern können

Langzeituntersuchungen von Kindern in Trennung und Scheidung haben eindeutig gezeigt, dass Kinder nicht allein schon wegen der Trennung der Eltern langfristig Schaden nehmen in ihrer Entwicklung. Langfristig beeinträchtigt in ihrer Entwicklung werden Kinder dann, wenn ihre Eltern einander bekämpfen, und die familiäre Situation es dem Kind nicht erlaubt, seine Liebe und Bindung zu beiden Eltern seelisch in Einklang zu bringen, oder von ihm verlangt, seine Liebe zum außerhalb lebenden Elternteil aufzugeben. Darum ist es eminent wichtig für Ihr Kind, sowohl für sein akutes Wohlbefinden als auch für seine langfristige Entwicklung, dass sich auf der Basis gegenseitiger Wertschätzung als Vater/Mutter Ihres Kindes beidseitige Kooperation zwischen Ihnen als Eltern etabliert.

Der Gorbatschow-Effekt zeigt, dass sich auch dann Entspannung einstellen kann, wenn zunächst nur eine Seite abrüstet.
So ist – sofern keine größeren Verletzungen zwischen Ihnen stehen (Abschnitt 2) – die Wahrscheinlichkeit groß, dass sich auch dann Kooperation zwischen Ihnen einstellt, wenn sich zunächst nur einer von Ihnen um Kooperation bemüht. Abwertungen und emotionale Ausbrüche fallen einem nämlich schwerer, wenn der andere konsequent verständig, sachorientiert und ruhig bleibt.

Dies setzt voraus, dass Sie sich vor einem Gedanken hüten: Warum soll immer nur ich mich um Kooperation bemühen? Dies ist ein Gedanke, der Sie letztlich alle, v.a. aber Ihr Kind, zu Verlierern macht. Die erfolgreichere Alternative wäre: Meine Verständigkeit und meine Ruhe werden Dich letztlich zwingen, die Mauer der Feindschaft und Konkurrenz fallen zu lassen und abzurüsten.

Viele Möglichkeiten, Kooperation aufzubauen, haben Sie in diesem Programm schon kennengelernt:

- Sie unterscheiden die drei Klärungsbereiche Partnerverlust, Finanzen und Elternschaft und vermischen sie nicht.
- Sie anerkennen das Leid, das das Scheitern der Paarbeziehung bei jedem Familienmitglied auslöst, und verantworten innerlich die Schuld an allem, was Sie dazu beigetragen haben unter Verzicht jeglicher Rechtfertigungsstrategien.
- Sie hören zu und wollen verstehen, um was es Ihrem Elternpartner geht, wenn er bestimmte Forderungen stellt.
- Sie geben andrerseits ihm zu verstehen, um was es Ihnen geht.
- Ihnen geht es zu allererst um die Perspektive Ihres Kindes.
- Sie unterstellen Ihrem Elternpartner, dass es ihm ebenfalls zu allererst um das Wohl des Kindes geht.
- Sie akzeptieren die Erziehungspraxis des Elternpartners und mischen sich nicht in seine Teilfamilie ein.
- Sie besprechen mit dem Elternpartner alle wichtigen Fragen direkt.

Nachfolgend werden Sie auf der Basis gängiger Konfliktregelungspraktiken, wie sie in der Mediation angewandt werden, noch weitere Möglichkeiten zur Kooperationsförderung kennenlernen.
Diese setzen voraus, dass die Partner verhandlungsbereit und verhandlungsfähig sind, d.h. in der Lage sind, sowohl ihre eigenen Interessen zu vertreten als auch dem anderen Elternpartner dasselbe zugestehen. Das aber funktioniert nur, wenn grundsätzliche emotionale Blockaden erkannt und aufgeweicht wurden (siehe Abschnitt 2).

Der Abschnitt gliedert sich in zwei Teile:

Der erste gibt Ihnen Möglichkeiten an die Hand, wie Sie mit unterschiedlichen und strittigen Themenbereichen, in denen Sie sich im Blick auf Ihr Kind einigen müssen, umgehen können.
Der zweite Teil bezieht sich auf Ihren Stil, miteinander umzugehen. Er gibt Ihnen Möglichkeiten an die Hand, wie Sie Streiteskalationen vermeiden und zu einem kooperativen Stil kommen können.

Möglichkeiten, wie Sie inhaltlich unterschiedliche Interessen und Vorstellungen in einen Konsens überführen können: Methoden kooperativer Konfliktlösung

- Höchstes Ziel ist und bleibt immer die faire Einigung. Sagen Sie sich: Es bleibt uns nichts anderes übrig als elterlicher Konsens. Wir müssen immer Wege suchen, die die Zustimmung beider Elternteile finden.
  Dies ist besser als Konkurrenz, bei der es Ihnen um Sein oder Nichtsein, Alles oder Nichts geht, und die daher als ultima ratio den Einsatz von Macht verlangt, wie: dem Partner Geld oder Kinder vorenthalten, wenn er nicht tut, was Sie verlangen. Dies muss zwangsläufig zu Kampf und Krieg führen.

- Formulieren Sie Ihre Wünsche und Interessen und gestehen Sie dem anderen dasselbe zu. Dies ist besser als Konkurrenz, bei der Sie die Legitimität Ihrer Interessen, d.h. Ihre Kindesfreundlichkeit, betonen und dem anderen reinen Egoismus unterstellen: *»Mir geht es um unser Kind – Dir nur um Deine Interessen.«*

- Erlauben Sie sich Denkspielräume (brainstorming), und lassen Sie ein »Sowohl – Als auch« und noch weitere Alternativen (auch die unrealistischen) zu. Dies ist besser als Konkurrenz, die Ihr Denken einengt auf ein Entweder – Oder (Tunnelblick): *»Entweder du oder ich; natürlich ich, denn du liegst falsch.«*

- Suchen Sie Kompromisse, machen Sie dem Partner Angebote, um Ihn zu gewinnen, und erlauben Sie sich Probeläufe und Experimente. Dies ist besser als Konkurrenz, bei der Sie alles gegenüber dem anderen durchsetzen wollen und zwar in allen Punkten, sofort und endgültig.

- Suchen Sie nach Ausgleich von Geben und Nehmen, nach wechselseitigem Entgegenkommen. Dies ist besser als Konkurrenz, bei der Sie dem anderen so viel wie möglich wegnehmen wollen.

- Wenn Sie einen legitimen Anspruch haben, dann denken Sie auch an die Möglichkeit, diesen in Schritten und in einem für Sie beide gangbaren Zeitrahmen zu realisieren. Erlauben Sie sich Übergangslösungen (siehe Beispiel 2, Seite 28 unten). Dies ist besser als knallhartes Auftreten, bei dem Sie vom anderen verlangen, selbstverständliche Ansprüche Ihrerseits vollständig und sofort zu realisieren.

Wenn Sie am Ende Ihrer Verhandlungen sind, dann treffen Sie eine entsprechende Vereinbarung. Holen Sie sich die Zustimmung von Ihrem Elternpartner ein, und verpflichten Sie sich selbst zur Verbindlichkeit: *»Also jetzt haben wir vereinbart, dass ... Das heißt: Du wirst ..., und ich werde ab morgen bis zu den Sommerferien jeden Dienstag ... Ist das dann so o.k.?«*

Aufgabe 17 a:

Setzen Sie sich entspannt hin und denken Sie darüber nach, welche Konfliktbereiche Sie miteinander haben. Kreuzen Sie sie in der Liste an.

Wir haben unterschiedliche Vorstellungen über		
• die Besitzaufteilung	Ja	Nein
• die Verminderung der Belastungen	Ja	Nein
• die Vermehrung des Familieneinkommens	Ja	Nein
• die Wohnung der Kinder	Ja	Nein
• die Umgangsregelung	Ja	Nein
• die Erziehung der Kinder	Ja	Nein
• den Bedarf der Kinder	Ja	Nein
• Es bestehen Schwierigkeiten infolge größerer Veränderungen bei einem Elternteil (Wegzug, Berufstätigkeit, neue/r Partner/in)	Ja	Nein
•		

Aufgabe 17 b:

Stellen Sie nun dar, welche Anliegen und Wünsche jeder von Ihnen bezüglich des Konfliktthemas hat, also Ihre eigenen Vorstellungen und die Ihres Elternpartners.

Konfliktbereich 1	
Meine eigenen Vorstellungen dazu:	Die Vorstellungen des anderen dazu:

Konfliktbereich 2	
Meine eigenen Vorstellungen dazu:	Die Vorstellungen des anderen dazu:

Aufgabe 17 c:

Welche Lösungen wären denkbar? Erlauben Sie sich, aus Ihrem Denkquadrat auszubrechen. Fragen Sie eine neutrale Person, welche Lösungen sie sich denken kann.

Alle denkbar möglichen Lösungen

Konfliktbereich 1

Konfliktbereich 2

Aufgabe 17 d:

Unterstreichen Sie nun die Lösungen, von denen Sie annehmen, dass sie die größte Chance haben, von Ihnen beiden akzeptiert zu werden. Überlegen Sie sich Argumente, wie Sie Ihren Elternpartner davon überzeugen können, dass es auch für ihn eine gute Lösung ist (Vorteile für ihn, Entgegenkommen von Ihnen).

Erster Lösungsvorschlag und was daran auch für meinen Elternpartner attraktiv ist:
Zweiter Lösungsvorschlag und was daran auch für meinen Elternpartner attraktiv ist:
Dritter Lösungsvorschlag und was daran auch für meinen Elternpartner attraktiv ist:

Möglichkeiten, wie Sie einen kooperativen Verhandlungsstil pflegen können

Halten Sie sich bei Ihren Verhandlungen und Auseinandersetzungen an die Fairnessregeln. Machen Sie folgende drei Regeln zur Grundlage Ihrer Gespräche:

- Reden Sie ruhig und sachlich miteinander, wie Sie es auch in einer beruflichen Besprechung tun würden: *»Max macht mir gerade Sorgen. Ich würde gern mit Dir mal darüber reden. Wann hättest Du denn Zeit? Vielleicht für eine Stunde?«*
- Gehen Sie wertschätzend miteinander um, indem Sie den anderen ernst nehmen, ihn also nicht abwerten oder verächtlich behandeln. Unterstellen Sie dem Elternpartner grundsätzlich, dass auch er/sie das Beste für's Kind will!
- Hören Sie einander ruhig zu. Fallen Sie dem anderen nicht ins Wort, und texten Sie ihn auch nicht zu. Versichern Sie sich gegebenenfalls, ob Sie den anderen richtig verstanden haben.

Wenn Sie sich mal nicht an diese Regeln gehalten haben, lassen Sie sich vom anderen darauf hinweisen, ohne sich zu rechtfertigen.

Wenn der andere eine dieser Regeln übertritt, dann weisen Sie Ihn frühzeitig aber in ruhigem Ton darauf hin: *»Holger, Du wirst gerade in deinem Ton lauter und erregter. Bitte lass uns ruhig weiterreden.«*

Wenn Sie sich über eine »Unregelmäßigkeit« im Verhalten Ihres Elternpartners ärgern, wägen Sie ab, ehe Sie in die Auseinandersetzung mit ihm gehen:

- ob Sie die Unregelmäßigkeit nicht großzügig ignorieren können, weil Sie sehen, was alles gut läuft bzw. was sich bereits verbessert hat;
- ob es nicht plausible Gründe gibt für die Unregelmäßigkeit, die auch Sie akzeptieren können;
- ob Sie nicht selbst mit zu dieser Unregelmäßigkeit beigetragen haben;
- welcher Zeitpunkt günstig wäre, die Sache anzusprechen.

Wenn Sie in die Auseinandersetzung einsteigen, vermeiden Sie Vorwürfe, wie: *»Du hast schon wieder ... «*
Reden Sie vielmehr von sich selber: *»Ich habe mir schon Sorgen gemacht, ob etwas passiert ist. Ich habe auch versucht, Dich auf dem Handy zu erreichen.« »Eigentlich wollte ich noch etwas einkaufen gehen. Jetzt bin ich ziemlich frustriert, dass das nicht mehr möglich ist.«*

Wenn andrerseits Ihr Elternpartner mit Vorwürfen auf Sie zukommt, dann sagen Sie ihm entweder, dass Sie seinen Ärger nachvollziehen können oder fragen Sie ihn, um was es ihm geht, damit Sie seinen Ärger nachvollziehen können. Damit nehmen Sie die Luft raus.

Wenn die Auseinandersetzung trotz allem heftig zu werden droht, brechen Sie das Gespräch ab: *»Ich glaube, das bringt uns jetzt nicht weiter. Ich möchte lieber das Gespräch abbrechen. Vielleicht können wir einen Zeitpunkt ausmachen, an dem wir dann in Ruhe über das Thema weiterreden können.«*

Aufgabe 18:

Machen Sie sich Gedanken, wie Sie das Konfliktthema mit Ihrem Elternpartner ansprechen, und wie Sie ihm Ihren Lösungsvorschlag (Aufgabe 17 d) unterbreiten könnten. Probieren Sie einige Formulierungen aus, stellen Sie sich dabei vor den Spiegel zur Selbstkontrolle.
Wenn Sie an einem Elterngruppentraining teilnehmen, haben Sie an dieser Stelle die Möglichkeit, diese Übung in Form eines Rollenspiels zu machen.
Wenn Ihnen das nicht möglich ist, könnte es daran liegen, dass Sie dem Elternpartner negative Motive unterstellen. Überlegen Sie zunächst, welche Motive Sie seinem Verhalten unterstellen, und schreiben Sie sie auf ein Blatt Papier. Danach versuchen Sie, alle negativen Motive, die Sie ihm unterstellt haben, positiv umzuformulieren. (z.B. *»Er macht so viele tolle Sachen mit dem Kind, weil er es mir emotional entziehen will.«* wird umformuliert in *»Er macht so viele tolle Sachen mit dem Kind, weil er ihn für seine Abwesenheit meint entschädigen zu müssen.«*) Dann tragen Sie sämtliche positiv formulierte Motive in untenstehendes Kästchen ein. Denken Sie daran: Auch Ihr Elternpartner will das Beste für Ihr Kind.

Positive Motive, die ich meinem Elternpartner unterstellen will:

Aufgabe 19:

Notieren Sie beide schriftlich Ihr Interesse bezüglich eines bestimmten Konfliktthemas.
Treffen Sie sich in einem neutralen Raum mit angenehmer Atmosphäre, z.B. in einem Café (dies können Sie natürlich auch sonst jederzeit bei Ihren Gesprächen tun), und machen Sie einander Ihre Standpunkte klar. Sie sollen nicht, darüber diskutieren, sondern nur zuhören und kurze Rückfragen zum Verständnis stellen. Jeder bekommt zehn Minuten Zeit, seinen Vorschlag zu erklären. Danach gibt jeder dem anderen seine schriftliche Formulierung, und Sie trennen sich wieder mit der Aufgabe, aus den beiden Vorschlägen einen Kompromissvorschlag zu erarbeiten. Jeder kann seinen Kaffee für sich zu Ende trinken und dabei schon über einen Kompromiss nachdenken.

Zu einem ausgemachten Zeitpunkt treffen Sie sich dann wieder und wiederholen den obigen Vorgang, nun allerdings mit Ihren schriftlich ausgearbeiteten Kompromissvorschlägen.

Ihre Aufgabe für das dritte Treffen wird dann sein, dass jeder von Ihnen aus den beiden Kompromissvorschlägen einen weiteren Kompromissvorschlag erarbeitet. Dies müssten dann einander recht ähnliche Lösungsvorschläge sein, sodass Sie sich wahrscheinlich darauf einlassen können, einen Lösungsvorschlag für einen bestimmten Zeitraum auszuprobieren.

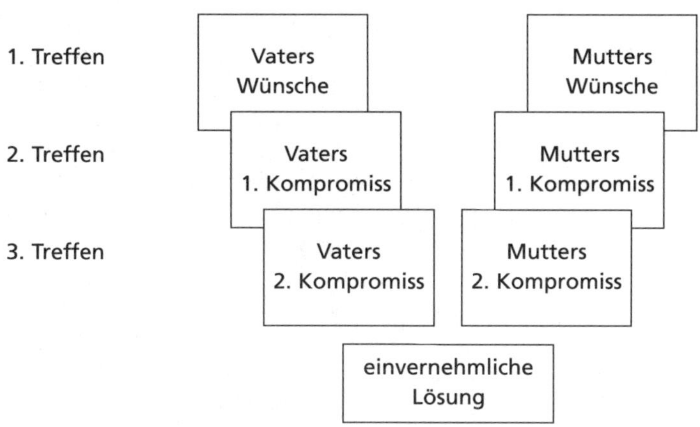

Abschnitt 8

Möglichkeiten professioneller Hilfen für getrennt erziehende Eltern

Hier erfahren Sie in aller Kürze, welche Möglichkeiten professioneller Hilfe Sie in Anspruch nehmen können, was Sie an Hilfe erwarten können, und was Sie dabei selbst zu tun bereit sein müssen.

Es gibt im Wesentlichen folgende sechs Hilfeformen:

- Präventives Elterntraining
- Mediation (Vermittlung)
- Beratung der Eltern (Erziehungsberatung, Familientherapie)
- Kindergruppe
- Kindertherapie
- Familiengerichtliches Verfahren

Präventives Elterntraining

Hier lernen Sie einzeln mit Hilfe eines Therapeuten oder in Selbsthilfe oder in einer Elterngruppe mit Hilfe eines Trainers die Prinzipien und Handlungsstrategien dieses positiven Krisenbewältigungsprogramms in Ihre Alltagspraxis umzusetzen.
In dieser Hilfeform bekommen Sie alle notwendigen Informationen und Tipps, die Sie brauchen, um die Krise der Trennung und Scheidung mit Ihrer Familie gut zu bewältigen. Sie bleiben weitgehend auf sich selbst gestellt und entscheiden, was Sie davon gebrauchen können und umsetzen wollen.
Es ist zwar sinnvoll, dass nur ein Elternteil dieses Programm durcharbeitet; dennoch wäre es vorteilhafter, beide Elternpartner würden parallel zur selben Zeit daran arbeiten.

Mediation (Vermittlung)

Hier lernen Sie mit Hilfe eines neutralen Vermittlers, als Eltern miteinander zu verhandeln.
Zu Beginn schließen Sie einen Mediationsvertrag, in dem Sie die strittigen Bereiche gemeinsam festlegen und Ihre Bereitschaft erklären, sich darüber in fairer Weise auseinander zu setzen und sich um Einigung zu bemühen. Es kann ebenso um das Aushandeln von Umgangsregelungen gehen wie um Unterhaltszahlungen oder die Besitzaufteilung.
Diese Hilfeform arbeitet an Ihrer beider Konfliktregelung. Die hinter Ihrem Streitverhalten liegenden Gefühle werden eher ausgespart. Der Vermittler bleibt neutral distanziert und erwartet von Ihnen, dass Sie Ihre Gefühle kontrollieren lernen und trotz vorhandener negativer Gefühle gegenüber Ihrem Partner bereit sind, als Elternpartner mit ihm zu kooperieren.

Die Beratung der Eltern (Erziehungsberatung, Familientherapie)

Hier geht es v.a. um die Klärung schwieriger emotionaler Verstrickungen, um die Aufarbeitung von Verletzungen und um die je eigen zu verantwortende Schuld am Scheitern Ihrer Paarbeziehung und der Auflösung Ihrer Kernfamilie. Es geht um das Bewusstwerden und Verstehen von Ängsten und Blockaden, die hinter dem Streitverhalten stehen und um die Aufklärung der Eltern darüber, wie es ihrem Kind geht, bzw. was ihr Kind braucht (eventuell unterstützt durch eine kinderpsychologische Diagnose).
In dieser Hilfeform müssen Sie Ihre Bereitschaft, mit dem anderen Elternteil zu verhandeln, nicht als Voraussetzung mitbringen.
Aber es braucht Ihrerseits eine größere Bereitschaft, sich Ihrer eigenen Gefühle bewusst zu werden und sie dem Berater anzuvertrauen.
Zu Beginn der Therapie stehen in der Regel Einzelgespräche, die dann in Vermittlungsgespräche übergehen.
Es geht hier vorwiegend um die Ermöglichung einer Elternschaft nach der Trennung und nicht um Finanzregulierungen.

Kindergruppe

Hier handelt es sich um altershomogene Gruppen von Scheidungskindern, denen unter Anleitung von zwei Therapeuten eine Möglichkeit geboten wird, sich über Ihre Situation auszutauschen. Sie bekommen Informationen zum Trennungsgeschehen und hören geeignete Geschichten. Dadurch erhalten sie Orientierung und Sicherheit.
Diese Gruppen sind eine Hilfe für Scheidungskinder und eine Unterstützung für deren Eltern. Sie lösen jedoch nicht die anstehenden Aufgaben der Eltern.

Kindertherapie

Die therapeutische Arbeit mit dem einzelnen Kind wird dann notwendig, wenn das Kind durch die Art des Umgangs der Eltern miteinander traumatisiert wurde: Durch anhaltenden Kampf ums Kind und durch Beziehungsabbruch

und radikalen Ausschluss von Papa/eines Elternteils. Über die Traumatisierung dürfen sich Eltern nicht hinwegtäuschen lassen dadurch, dass das Kind einen scheinbar unberührten Eindruck macht und trotz allem gut funktioniert. Es muss gleichermaßen als Hinweis auf eine Traumatisierung gedeutet werden, wenn Kinder selbst keinen Kontakt mehr wollen zu Papa/zum ausgegrenzten Elternteil.
In diesen Fällen ist eine Kindertherapie angezeigt und notwendig. Sie sollte aber eine Befriedung der Eltern nicht ersetzen.

Familiengerichtliches Verfahren

Nach dem neuen Kindschaftsrecht ist die Regelung der elterlichen Sorge nicht mehr automatisch Gegenstand des Scheidungsverfahrens. Vielmehr wird davon ausgegangen, dass nach der Scheidung die gemeinsame elterliche Sorge weitergeht, d.h.: Die Eltern regeln alle Dinge bezüglich ihres Kindes selbstständig. Zu einem familiengerichtlichen Verfahren kommt es nur auf Antragstellung, z.B. wenn ein Elternteil oder beide einen Antrag stellen auf alleinige elterliche Sorge oder auf Festlegung einer Umgangsregelung.
Dann lässt sich jede Seite über einen Rechtsanwalt vertreten bezüglich eines Streitpunkts wie z.B. die Umgangsregelung. Der Familienrichter entscheidet danach, wie Sie die strittige Angelegenheit als Eltern künftig handhaben sollen.

Bei dieser Art der Konfliktlösung sieht es so aus, als müssten Sie als Eltern wenig Konstruktives leisten und könnten ungeniert weiter streiten. Am Ende aber wird von Ihnen erwartet, dass Sie sich dem richterlichen Urteil, also der richterlichen Fremdbestimmung beugen.
In jedem familiengerichtlichen Verfahren, in dem es um Kinder geht, ist das Gericht verpflichtet, vor der Urteilsverkündung das Jugendamt zur Sache zu hören. Da in den wenigsten Fällen nach dem Gerichtsverfahren funktioniert, was vorher nicht funktioniert hat, nämlich eine kooperative Elternschaft, sieht das Jugendamt seine Aufgabe im Interesse des Kindes v.a. darin, die Eltern zur Verhandlung miteinander zu bewegen. Gelingt ihm das nicht, dann hat es zu prüfen, ob das derzeitige Streitverhalten der Eltern eine Gefährdung des Kindeswohls darstellt oder nicht. Dies wird das Jugendamt dem Familiengericht, gegebenenfalls mit einem Vorschlag, was zu tun sei, mitteilen.

Aufgabe 19 a:

Falls Sie an dieser Stelle der Meinung sind, das familiengerichtliche Verfahren sei für Sie und Ihre Familie immer noch die beste Hilfeform: Überlegen Sie, wie Ihr Elternpartner Ihrer Meinung nach reagiert, falls Sie sich ihm gegenüber auf diesem Wege durchsetzen sollten. (Das wäre ja das von Ihnen angestrebte Ziel.)

Die Reaktion meines Elternpartners auf ein für mich erfolgreiches Gerichtsverfahren

Er/sie wird sich dem Urteil beugen.

Er/sie wird offen kämpfen und Revision einlegen.

Er/sie wird das Urteil im Alltag unterlaufen.

Er/sie wird versuchen, die Kinder auf seine Seite zu ziehen.

Er/sie wird versuchen, ...

Aufgabe 19 b:

Überlegen Sie nun, wie sich ein für Sie erfolgreiches Familiengerichtsverfahren auf Ihr Kind auswirkt.

Ein für mich erfolgreiches Gerichtsverfahren und dessen Folgen für unsere Elternkooperation würden sich auf unser Kind/unsere Kinder folgendermaßen auswirken
In Bezug auf sein/ihr gegenwärtiges Befinden
Name
Name
Name

In Bezug auf seine/ihre langfristige Enwicklung (z.B. in 5 Jahren):
Name
Name
Name

Aufgabe 19 c:

Stellen Sie sich vor, Ihr Kind wäre erwachsen (ca. 20 Jahre) und würde Ihnen mitteilen, was es im Nachhinein über die heute von Ihnen beabsichtigten Vorgänge denkt.
Was würde Ihr Sohn/Ihre Tochter Ihnen vermutlich sagen?

Die künftige Bewertung eines familiengerichtlichen Verfahrens durch unseren erwachsenen Sohn/unsere erwachsene Tochter:
Name
Name
Name

Schluss

Was Kinder aus einer geglückten Trennung lernen

- Scheidungskinder bewahren sich leichter eine von konflikthaften Umständen unabhängige Ich-Stärke.
- Scheidungskinder wissen, dass es in Ordnung ist, viele widersprüchliche Gefühle gleichzeitig zu haben.
- Scheidungskinder vertrauen darauf, dass auch außerhalb der Familie Leute da sind, die einem helfen, wenn die Dinge ganz schief laufen.
- Scheidungskinder können mehr als eine Person lieben.
- Scheidungskinder haben gelernt, Abschied zu nehmen.
- Scheidungskinder haben weniger Angst vor neuen Herausforderungen und Fremdem.
- Scheidungskinder wissen, dass man neue Entscheidungen treffen kann, um sich aus unerträglich gewordenen Situationen zu befreien.
- Scheidungskinder leben nicht nur in der Gegenwart, weil sie ihre Vergangenheit verstanden haben.
- Scheidungskinder sind für die Zukunft besser ausgestattet.

Anhang 1

Kinderbücher zu Trennung und Scheidung

Bilderbücher

Baltscheit, M.: Paul trennt sich. Alibaba, Frankfurt a.M.1996
Bittner, W.: Wochenende bei Papa. Kerle, Freiburg 1999
Boie, K.: Linnea geht nur ein Bißchen verloren. Oetinger Hamburg 1999
Broere, R.: Du bleibst immer mein Papa. Ellerman , München 1998
Cole, B.: Wir teilen alles. Sauerländer Verlag, Frankfurt a.M. 1998
Gotzen-Beek, B.: Von Papa lass ich mich nicht scheiden! Ravensburger, Ravensburg, 2002
Kirchberg, U.: Rike und Matti. Ellermann , München 1986
Maar, A.: Die Wolfsjungen. Ellermann , Hamburg 1999
Maar, N./Ballhaus, V.: Papa wohnt jetzt in der Heinrichstraße. Modus vivendi, Zürich1989
Masurel, C.: Ich hab euch beide lieb! Brunnen, Gießen 2001
Schössow, B. u.a.: Alles Familie. Thienemann , Stuttgart 1997
Wolters, D.: Auf Wieder-Wiedersehen! Anrich, Kevelaer 1994

Erzählungen

Arrou-Vignod, J.-P.: Wenn Hosen Hochwasser melden. Kerle, Freiburg 1999
Becker, A.: Und was wird aus uns? Otto Maier, Ravensburg 1991
Berg, K.: Philipp und der neue Papa. Arena,Würzburg 1996
Bröger, A.: Heini eins bis fünf. Nagel & Kimche, Zürich 1991
Dierks, H.: Viele Grüße, dein Maximilian. Patmos, Düsseldorf 1998
Dierks, M.: Spaghetti mit Konfetti. LeiV, Leipzig,1993
Donelly, E.: Tine durch zwei geht nicht. Klett, Stuttgart 2001
Elias, B.: Ein komisches Gefühl in meinem Bauch. Anrich, Weinheim 1995
Feeney, J.: Gesucht: Genialer Vater. ars Edition, München 1998

Feth, M.: Kein Vater fürs Wochenende. Patmos, Düsseldorf 1993
Fried, A.: Der unsichtbare Vater. Hanser, München 1999
Härtling, P.: Lena auf dem Dach. Beltz & Gelberg, Weinheim/Basel 1997
Kermode, M.: Codename Sebastian. Schreiber, Esslingen 1997
Lenain, Th.: Genau wie früher. Picus, Wien 1994
Nöstlinger, Ch.: Einen Vater hab ich auch. Beltz & Gelberg, Weinheim/Basel 1994
Nöstlinger, Ch.: Sowieso und überhaupt. Dachs, Wien 1991
Nöstlinger, Ch.: Der Zwerg im Kopf. Beltz, Weinheim/Basel 1999
Schindler, N.: Und wo bleib ich? Bertelsmann, München 1999
Welsh, R.: Max, der Neue. Arena, Würzburg 1999
Wolf, B.: Flügel zum Fliegen. Lentz, München 1991
Zacharias, C.: Ein Brief aus Afrika. Ueberreuter, Wien 1993
Zeevaert, S.: Schön und traurig und alles zugleich. Beltz, Weinheim/Basel 1997

Übungen und Materialien

Figdor, H.: Scheidungskinder – Wege der Hilfe. Psychsosozial, Giessen 1998
Fthenakis, W.E. u.a.: Gruppeninterventionsprogramm für Kinder mit getrennt lebenden oder geschiedenene Eltern.Beltz, Weinheim/Basel 1995
Sanders, M.R./Markie-Dadds, C./Turner, K.M.T.: Positive Erziehung.Verlag für Psychotherapie, Münster 1999 (www.triplep.de)
Strohbach, S.: Scheidungskindern helfen. Beltz Verlag, Weinheim/Basel 2002

Anhang 2

Die Schildkrötengeschichte

Es war einmal eine Sandschildkröte mit Namen Sammy. Sammy lebte im Küstensand nahe dem Wasser. Er liebte es, jeden Tag am Strand in der Sonne zu liegen, und der liebte es, Tunnel und geheime Wege in den Sanddünen zu graben. Sein Lieblingsessen waren Sandkrabben. Ganz in der Nähe, im Meer, lebte eine Wasserschildkröte mit Namen Sally. Sally lebte tief im Meer und liebte es, sich im Wasser zu tummeln und in den Wellen zu schwimmen. Sie mochte auch das Gefühl von kühlem, blaugrünem Wasser auf ihrem Körper, wenn sie auf der Jagd nach Quallen für eine Mahlzeit war.

Eines Tages krabbelte Sammy, die Sandschildkröte, bis an den Rand des Wassers, um nach Sandkrabben Ausschau zu halten. Zur gleichen Zeit schwamm Sally, die Wasserschildkröte im seichten Teil des Wassers, wo sie ihren Kopf aus dem Wasser strecken konnte, um den blauen Himmel zu sehen. Plötzlich trafen sich Sammys und Sallys Augen und sie verliebten sich. Sally hatte niemals zuvor eine Sandschildkröte gesehen und fand, dass Sallys blaugrüner Schildkrötenpanzer einfach anders aussah und geradezu der schönste war, den er je gesehen hatte. Die beiden Schildkröten liebten sich so sehr, dass sie beschlossen, zu heiraten. Einige Zeit lebten sie am Rande des Wassers, so dass Sammy im Sand sitzen und sich trocknen und wärmen konnte, während Sally im flachen Teil des Wassers saß, um sich zu kühlen. Bald bekamen sie zwei Babyschildkröten. Sie nannten sie Tommy und Tina. Diese Babyschildkröten hatten hübsche braunblaugrüne Schildkrötenpanzer. Sie sahen beiden Eltern ähnlich.

Tommy Schildkröte und Tina Schildkröte spielten sehr gerne mit ihrem Vater Sammy im Sand. Sie waren stundenlang damit beschäftigt, Tunnels zu graben und nach Sandkrabben zu suchen. Manchmal machten sie einen Mittagsschlaf dicht beieinander im warmen Sand. Wenn sie ihre Köpfe und Beine einzogen, dann sahen ihre Schildkrötenpanzer wie Steine aus, die halb aus dem Sand herausschauen. Tommy und Tina spielten aber auch sehr gerne mit ihrer Mutter Sally im Meer. Sie machten Purzelbäume in den Wellen und untersuchten die Wasserhöhlen und Riffe und schauten nach Quallen für das Abendessen.

Einige Zeit war dies eine glückliche Schildkrötenfamilie. Aber dann lief etwas schief! Tommy und Tina Schildkröte hatten soviel Spaß, dass ihnen gar nicht auffiel, dass ihr Vater Sammy weniger und weniger Zeit am Rande des Wassers verbrachte. Er hielt sich viel öfter in den Sanddünen auf und jagte an Land nach Essen. Sally, die Wasserschildkrötenmutter, verbrachte ihre Zeit im tiefen Teil des Meeres und saß nicht mehr im flachen Teil des Wassers am Strand. Jeden Abend, wenn Vater und Mutter zum Abendessen zusammentrafen, um die Kinder zu versorgen, gab es Streit und sie schimpften miteinander. Sammy, der Vater Sandschildkröte, zog seinen Kopf zurück unter den Schildkrötenpanzer und grub sich im Sand ein. Sally, die Mutterwasserschildkröte, kehrte ihm den Rücken zu und tauchte zurück ins Meer. Eines Tages schließlich entschieden Sammy und Sally, dass sie nicht mehr zusammenleben wollten. Sally entschied sich, auf dem Grund des Meeres zu wohnen, und Sammy entschied sich, in den Sanddünen über dem Strand zu wohnen.

Tommy und Tina Schildkröte waren sehr traurig. Sie waren immer noch kleine Schildkrötenkinder und brauchten jemanden, der auf sie aufpasste. Sie liebten beide Eltern, ihre Mama und ihren Papa, und wollten die ganze Zeit bei ihnen sein. Tommy war ein bisschen ärgerlich, er schrie oft herum und stritt sich mit seiner Mutter. Tina war auch ärgerlich, aber sie behielt ihre Gefühle für sich und vergrub sich den ganzen Tag lang in ihrem Schildkrötenpanzer. Sie wollte nicht einmal mehr mit ihrem Bruder spielen und auch nicht mit irgendeinem ihrer Freunde. Tommy und Tina wünschten sich am meisten, dass ihre Eltern wieder zusammen leben würden am Rande des Wassers und wieder eine glückliche Familie wären.

Eines Tages beschlossen sie, die weise alte Eule um Rat zu fragen. Die weise alte Eule hatte immer gute Ratschläge für alle Tiere, und sie konnte fast jedes Problem lösen. Am nächsten Morgen packten sie sehr früh einen Picknickkorb und gingen los in den Wald, um nach der weisen alten Eule Ausschau zu halten. Die Eule schlief in einem alten Baum, als sie ankamen. Aber sie wachte auf und lud sie ein, in ihr Baumhaus zu kommen. Die Schildkrötenkinder erzählten der alten weisen Eule von ihrem Problem. Tina Schildkröte fragte dann: »Kannst du es machen, dass unsere Mutter und unser Vater wieder zusammenleben?« Tommy Schildkröte sagte: »Bitte, bitte mach doch, dass sie sich wieder liebhaben!«

Die alte weise Eule schaute eine Weile gedankenvoll in den Himmel und sagt dann: »Eine Sandschildkröte sollte niemals eine Wasserschildkröte heiraten. Sie sind zu unterschiedliche Arten von Schildkröten. Sammy, die Sandschildkröte, liebt es, an Land zu leben und sitzt gern in der warmen Sonne. Sally, die Wasserschildkröte dagegen, liebt es, im Meer zu leben und im kühlen blauen Wasser zu schwimmen. Wenn sie zusammen am Rande des Wassers leben, dann sind sie beide unglücklich, ärgerlich und böse. Es ist besser, wenn sie wieder an Stellen wohnen, wo sie glücklich sind.
Aber du, Tommy Schildkröte, und du, Tina Schildkröte, ihr sei halb Sand- und halb Wasserschildkröte. Ihr könnt im Meer leben und Quallen essen, und ihr könnt an Land leben und Sandkrabben essen. Ihr könnt Spaß haben mit eurer Mutter, und ihr könnt Spaß haben mit eurem Vater. Sie lieben euch beide sehr und sie möchten, dass ihr glücklich seid. Die beste Idee für euch ist, einige Zeit mit eurer Mutter im Meer zu leben und einige Zeit mit eurem Vater an Land zu leben.«
Und so machten es Tommy und Tina Schildkröte auch! Manchmal lebten sie im tiefen, blauen Meer und übten Schwimmen mit ihrer Mutter, und manchmal lebten sie am warmen, sonnigen Land und übten mit ihrem Vater in den Feldern zu jagen. Sie hatten viele Freunde im Meer kennengelernt, Fische, Delphine und Wale, und sie hatten viele Freunde an Land kennengelernt, den Hirsch, den Dachs und den Fuchs. Sie liebten ihre Mutter, und sie liebten ihren Vater. So wurden Tommy und Tina wieder glücklich und wuchsen als eine neue Art von Schildkröten heran mit herrlich braunblaugrünen Schildkrötenpanzern, die leben konnten, wo immer sie wollten!

(aus: Fthenakis u.a. 1995, S. 106)

Anhang 3

Fragebögen zur Erfolgsmessung (Evaluation)

Die vorliegenden Fragebögen dienen der Erfolgsmessung des Programms. Bitte füllen Sie den ersten Fragebogen vor der Erarbeitung des Programms aus, den zweiten nachher.

So können Sie selbst Ihren Fortschritt feststellen.

Wenn Sie ein Eltern-Gruppentraining besuchen oder das Programm unter Anleitung eines Therapeuten bearbeiten, geben Sie die ausgefüllten Fragebögen Ihrem Trainer bzw. Ihrem Therapeuten.

Vielen Dank!

Fragebogen zum Krisenbewältigungsprogramm Trennung und Scheidung

Vorher

Fragen zur Verteilung von belastenden Gefühlen bei den Partnern

1. Ihre Einschätzung der Schuld an der jetzigen Situation

die Schuld liegt

1	2	3	4	5
bei mir	eher bei mir	bei beiden Partnern	eher beim anderen	beim anderen

2. Ihre Einschätzung der Verletzungskonten aus der Zeit der Paarbeziehung

verletzt fühlt sich

1	2	3	4	5
der andere sehr	der andere etwas	weder ich noch der andere	ich etwas	ich sehr

3. Ihre Einschätzung der Angst, die Kinder emotional zu verlieren

1	2	3	4	5
ich habe große Angst	ich habe etwas Angst	keiner von beiden hat davor Angst	der andere hat etwas Angst	der andere hat große Angst

4. Wie sehr fühlen Sie sich derzeit durch die Trennung belastet?

1	2	3	4	5
sehr	mäßig	ein wenig	gar nicht	es geht mir eher besser

Fragen zu den Konfliktbereichen

Folgende Bereiche sind zwischen uns

	gut geklärt	eher geklärt	eher strittig	hoch strittig
Besitzaufteilung				
Eigentumsverkauf				
zusätzl. Berufstätigkeit				
Wohnung der Kinder				
wer ausziehen soll				
Umgangsregelung				
Erziehungsverhalten				
Fremdbetreuung				

Fragen zur elterlichen Kommunikation

Wie ist derzeit Ihr Kommunikationsstil?

1	2	3	4	5
keine direkte Kommuni-kation	hochstrittig eskalierend	häufig Streit	eher ruhig und sachlich	immer ruhig und sachlich

Verhalten des Kindes nach der Trennung (z.B. beim Übergang von einer zur anderen Teilfamilie)

Problemverhalten	Häufigkeit					Ist das ein Problem für Sie?	
	nie	ab und zu	um die Besuche	öfter	immer	Ja	Nein
einnässen							
stehlen							
soziale Agression							
Ungehorsam							
Leistungsabfall							
Ängstlichkeit							
lustlos, interessenlos							
Selbstbeschuldigung							
sozialer Rückzug							
Schlafstörungen							
Gewichtszunahme							
Alpträume							
weinerlich, anhänglich							

Fragebogen zum Krisenbewältigungsprogramm Trennung und Scheidung

Nachher

Fragen zur Verteilung von belastenden Gefühlen bei den Partnern

1. Ihre Einschätzung der Schuld an der jetzigen Situation

die Schuld liegt

1	2	3	4	5
bei mir	eher bei mir	bei beiden Partnern	eher beim anderen	beim anderen

2. Ihre Einschätzung der Verletzungskonten aus der Zeit der Paarbeziehung

verletzt fühlt sich

1	2	3	4	5
der andere sehr	der andere etwas	weder ich noch der andere	ich etwas	ich sehr

3. Ihre Einschätzung der Angst, die Kinder emotional zu verlieren

1	2	3	4	5
ich habe große Angst	ich habe etwas Angst	keiner von beiden hat davor Angst	der andere hat etwas Angst	der andere hat große Angst

4. Wie sehr fühlen Sie sich derzeit durch die Trennung belastet?

1	2	3	4	5
sehr	mäßig	ein wenig	gar nicht	es geht mir eher besser

Fragen zu den Konfliktbereichen

Folgende Bereiche sind zwischen uns

	gut geklärt	eher geklärt	eher strittig	hoch strittig
Besitzaufteilung				
Eigentumsverkauf				
zusätzl. Berufstätigkeit				
Wohnung der Kinder				
wer ausziehen soll				
Umgangsregelung				
Erziehungsverhalten				
Fremdbetreuung				

Fragen zur elterlichen Kommunikation

Wie ist derzeit Ihr Kommunikationsstil?

1	2	3	4	5
keine direkte Kommunikation	hochstrittig eskalierend	häufig Streit	eher ruhig und sachlich	immer ruhig und sachlich

Verhalten des Kindes nach der Trennung (z.B. beim Übergang von einer zur anderen Teilfamilie)

Problemverhalten	Häufigkeit					Ist das ein Problem für Sie?	
	nie	ab und zu	um die Besuche	öfter	immer	Ja	Nein
einnässen							
stehlen							
soziale Agression							
Ungehorsam							
Leistungsabfall							
Ängstlichkeit							
lustlos, interessenlos							
Selbstbeschuldigung							
sozialer Rückzug							
Schlafstörungen							
Gewichtszunahme							
Alpträume							
weinerlich, anhänglich							

Ihre Beurteilung des Programms

1. Haben Sie die Hilfe bekommen, die Sie erwartet haben?

1	2	3	4	5
nein	eher nicht		eher ja	ja

2. Hat das Programm Ihnen geholfen, besser mit Ihren Gefühlen zurechtzukommen?

1	2	3	4	5
nein	eher nicht		eher ja	ja

3. Hat das Programm Ihnen geholfen, besser mit den Gefühlen und dem Verhalten Ihres Elternpartners zurechtzukommen?

1	2	3	4	5
nein	eher nicht		eher ja	ja

4. Hat das Programm Ihnen geholfen, besser mit den Gefühlen und dem Verhalten Ihres Kindes zurechtzukommen?

1	2	3	4	5
nein	eher nicht		eher ja	ja

5. Hat das Programm Ihnen geholfen, ruhiger miteinander zu kommunizieren?

1	2	3	4	5
nein	eher nicht		eher ja	ja

6. Hat Sie das Programm bei der Klärung bestimmter Konfliktbereiche (Umgangsregelung, Finanzen usw.) weitergebracht?

1	2	3	4	5
nein	eher nicht		eher ja	ja

7. Glauben Sie, dass Ihre Familie insgesamt von dem Programm profitiert hat?

1	2	3	4	5
nein	eher nicht		eher ja	ja

8. Welche Abschnitte und Aufgaben waren für Sie besonders hilfreich?

					Warum
Abschnitt 1:	Aufgabe	1	2		
Abschnitt 2:	Aufgabe	3	4	5	
		6	7	8	
		9			
Abschnitt 3					
Abschnitt 4:	Aufgabe	10			
Abschnitt 5:	Aufgabe	11	12	13	
Abschnitt 6:	Aufgabe	14	15	16	
Abschnitt 7:	Aufgabe	17	18	19	
Abschnitt 8:	Aufgabe	20			

Bei Gruppentraining bzw. Einzeltraining:

9. War die Atmosphäre im Kurs/in der Therapie angenehm?

1	2	3	4	5
nein	eher nicht		eher ja	ja

10. Fühlten Sie sich von der Gruppenleitung/dem Therapeuten ernst genommen und unterstützt?

1	2	3	4	5
nein	eher nicht		eher ja	ja

Ihre Anmerkungen und Verbesserungsvorschläge: